一泊二日

KANKOH HOTEL
TRIP GUIDE

甲斐みのり

観光ホテル旅案内

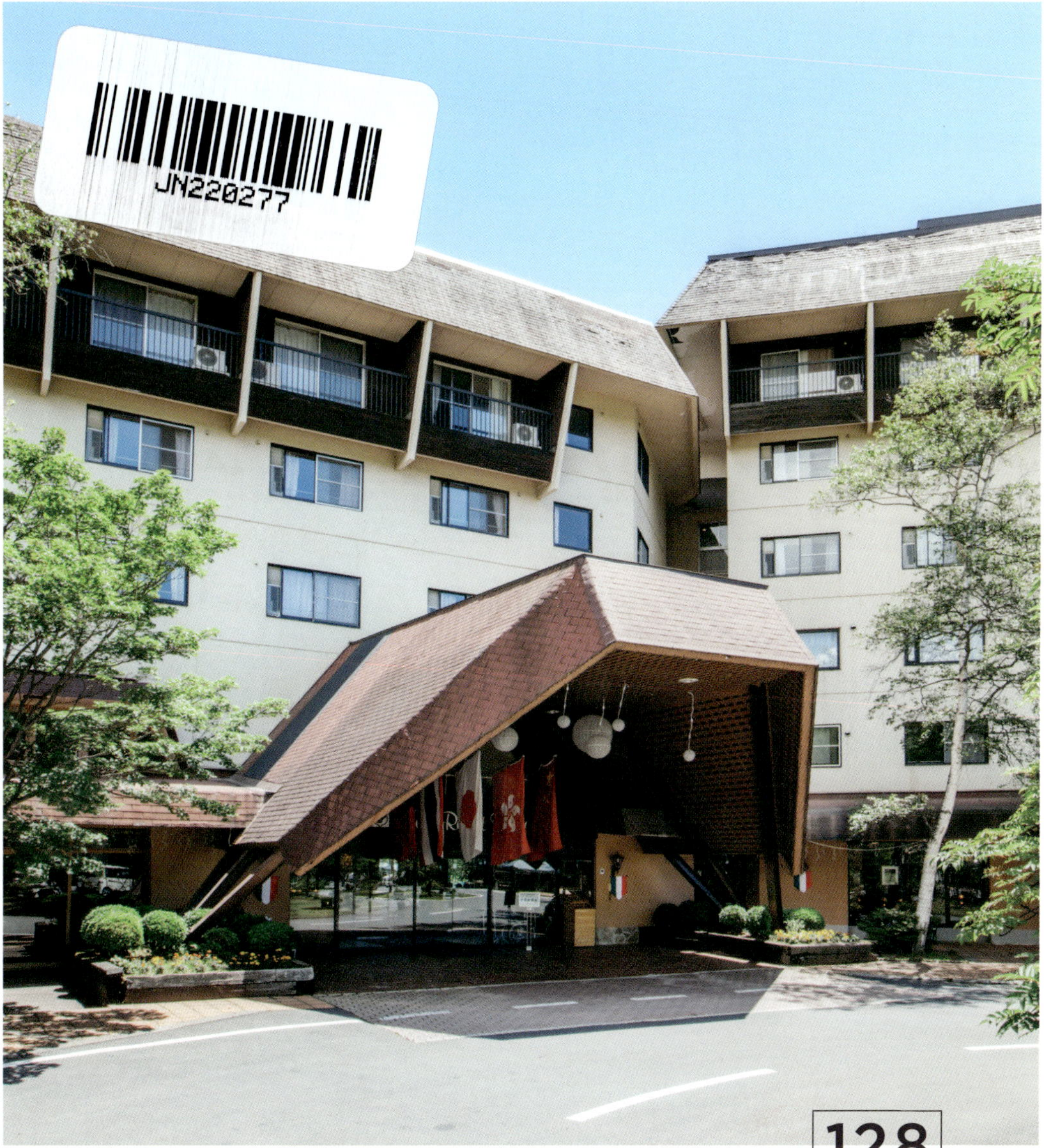

128ページ

京阪神エルマガジン社

はじめに

年に数回、友人たちと大型観光ホテルツアーを開催する。私はツアーコンダクターになり、1泊2日の計画を練る。だいたいいつも、〝どの場所か〟よりも先に〝このホテル〟というのが先にくる。ホテルが決まれば必然的に場所も定まり、1日目と2日目の昼食や、どんなところへ立ち寄るか、見当をつけてみなに知らせる。平均的には4～5人で、多いときは15人。ほとんどの大型観光ホテルには、ファミリープランや団体プラン、最近では女子会プランなるものがあり、貸切風呂や二次会会場やサービスドリンクや、何かしら特典が付いてくる。そういうものは存分に利用して、ちょっと得した気分をみなで分かち合う。部屋は4～5人だとひとつの部屋でぎゅぎゅっと肩を寄せ合い眠り、それ以上だと部屋をいくつか手配する。「家族以外とこんなふうに旅するのは修学旅行以来だ」という人が多く、それこそ私も大勢での旅を好ましく感じたきっかけの一つだった。

戦後の高度成長期、まだ日本人にとって海外旅行は高嶺の花。家族旅行も今のように年に数回、気軽になどというわけにいかず、旅といえば会社や地域や学校の団体旅行か、生涯一度の新婚旅行が主たるもの。観光地という概念も今よりずっともっと狭く、昔ながらの温泉地か、国立公園近辺などに集中して人が集まる。それに合わせて宴会場を備えた大型ホテルが次々とでき、お風呂や娯楽や建物で、ここならではという個性が築かれていった。

ところが次第に、日本人の旅が多様化し始めた。海外、一人、カップル、学生、高級志向や素泊まりや。そうして栄華を極めた大型ホテルの灯りが一つ二つ……消え始め、いくつかの観光地では静かな気配が際立つように。

そんな中、創業から半世紀以上、その町で旅する人を迎え続ける観光ホテルがある。高度成長期以降の昭和50年代に生まれ、バブル期はまだ好きに旅などできない学生だった私は、戦前から続いていたり戦後すぐにできた宿の、建築や歴史や娯楽施設やサービスを新鮮に感じた。

最初は、建物の写真を撮りたいとか、ショーを見てみたいとか、その町とホテルの歴史的な関わりを知りたいと思い泊まるようになったが、大型観光ホテルでは、しっぽりと過ごすよりも気の置けない仲間と賑やかに過ごすほど強く記憶に残り、行き先を決めて参加者を募るようになった。

それまでの自分は、学生の頃から団体行動と縁のない道を歩んできたせいか、観光地などで大勢の客を見かけると、なんとなし億劫に思う節があった。旅は一人や二人が楽でいいと決めつけていたのだ。

もちろん一人旅や二人旅のよさはあって、変わらず楽しみに続けている。けれどもそれと同じように、家族や大勢で分かつ旅の味わいがあると、歳を重ねて気が付けた。大型観光ホテルに泊まったあとは、すっかり肩の荷を降ろしきったように身も心も軽くなり、翌日からは半年後あたりの次回を心待ちに仕事や暮らしに打ち込める。一つ難があるとすれば、旅から帰った数日は、大型観光ホテルロスに陥ることくらいだろうか。

この本では主に、東京から1泊2日圏内の温泉地の大型観光ホテルを案内している。主役は宿での時間に置きながら、周辺も楽しめるように、限られてはいるが立ち寄り処もいくつか記した。

多様化する旅の中で、大型観光ホテルへ泊まること、大勢で旅すること、ショーやお風呂など娯楽を味わうこと。何より自分らしい視点や価値観を持って、旅することの面白さが伝わればと思う。

もくじ

御《ご》殿《てん》場《ば》 の旅

GOTENBA
SHIZUOKA, JAPAN

伊《い》東《とう》温《おん》泉《せん》 の旅

ITO ONSEN
SHIZUOKA, JAPAN

塩《しお》原《ばら》温《おん》泉《せん》郷《きょう》 の旅

SHIOBARA ONSENKYO
TOCHIGI, JAPAN

熱《あた》海《み》温《おん》泉《せん》 の旅

ATAMI ONSEN
SHIZUOKA, JAPAN

草《くさ》津《つ》温《おん》泉《せん》の旅

KUSATSU ONSEN

GUNMA, JAPAN

鬼《き》怒《ぬ》川《がわ》温《おん》泉《せん》の旅

KINUGAWA ONSEN

TOCHIGI, JAPAN

日本全国

観光ホテルの思い出

四《し》万《ま》温《おん》泉《せん》の旅

SHIMA ONSEN

GUNMA, JAPAN

※本書に記したデータは2016年11月時点のものです。各所の情報、商品の価格などは変動することがありますので、ご了承下さい。
※ IN はチェックイン時間、OUT はチェックアウト時間を表します。
※各章の地図は紹介する場所のおおよその位置関係を示すものです。

伊《い》東《とう》温《おん》泉《せん》の旅

ITO ONSEN

SHIZUOKA, JAPAN

団体旅行を楽しむ

今回泊まるホテル（P.18）

1 ホテルサンハトヤ

静岡県伊東市湯川堅岩572-12
☎0557-36-4126

〈東京から伊東温泉へ〉

●電車利用の場合
特急踊り子号で「東京駅」から「伊東駅」まで約1時間50分。もしくは東海道新幹線こだま号「東京駅」から「熱海駅」、JR伊東線に乗り換え「熱海駅」から「伊東駅」まで合計約1時間15分

●高速バス利用の場合
東名高速自動車道「厚木IC」から小田原厚木道路、国道135号線経由で伊東まで約1時間半（約80km）

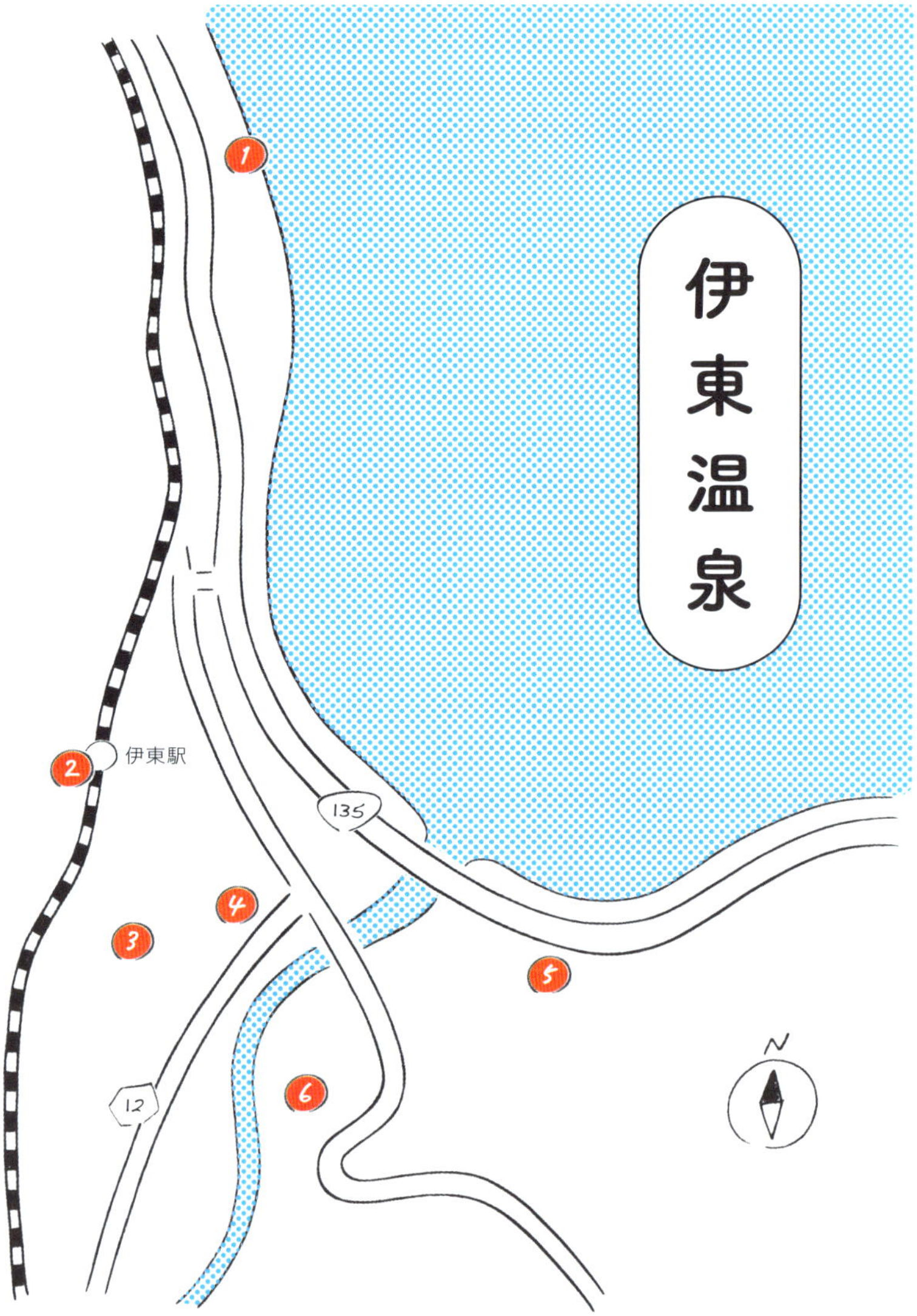

もう一つ別のホテル（P.24）

6 ホテル暖香園

伊東駅から徒歩10分。別邸の離れ客室のある、明治22年創業のホテル。直営のボウリング場はボウリングブームの昭和46年から続き、浴衣の客にはモンペが貸し出される。

寄り道・立ち寄り〜（P.23）

3 スイートハウスわかば

店があるのは伊東中央商店会のアーケードの中。名物のソフトクリームは毎日仕込み、季節ごと味を変える徹底ぶり。甘味の他にも、クレープやピザトーストなどの軽食も。

② 祇園 伊東駅店

⬆浅草の元映画弁士が昭和21年に創業。駅弁として「いなり寿し」が名物に。帰りの電車で「とりめし弁当」(780円)と、昔ながらのポリ茶瓶に入った伊東名物「ぐり茶」(130円)を。⬇伊東駅改札外にある弁当売場と立ち食いそば店。静岡県伊東市湯川3／7:00〜18:00／無休／☎0557-37-3366

④ 東海館

⬆昭和3年、松川河畔で創業した木造3階建ての温泉旅館跡。現在は伊東市指定文化財で、昭和初期の旅館建築の技や意匠を見学できる。地元出身の彫師・森田東光作の唐獅子や蛸の湯口のある大浴場も、曜日・時間限定で入浴可能。静岡県伊東市東松原町12-10／9:00〜21:00／入館料200円(子供100円)／第三火曜休／☎0557-36-2004

KANKOH MAP

ITO ONSEN

➡昭和30年創業の「トリスバー」。
⬇「梅家」で銘菓「ホールイン」を。

⑤ ふじいち

⬇1階では干物や鮮魚を販売。伊東漁港を見晴らす2階の食堂では、グリル付きテーブル席で、コース・定食・1品料理や、1階で購入したものを、自分で焼いて味わえる。静岡県伊東市静海町7-6／10:00〜15:00(土・日曜〜15:30)／無休／☎0557-37-4705

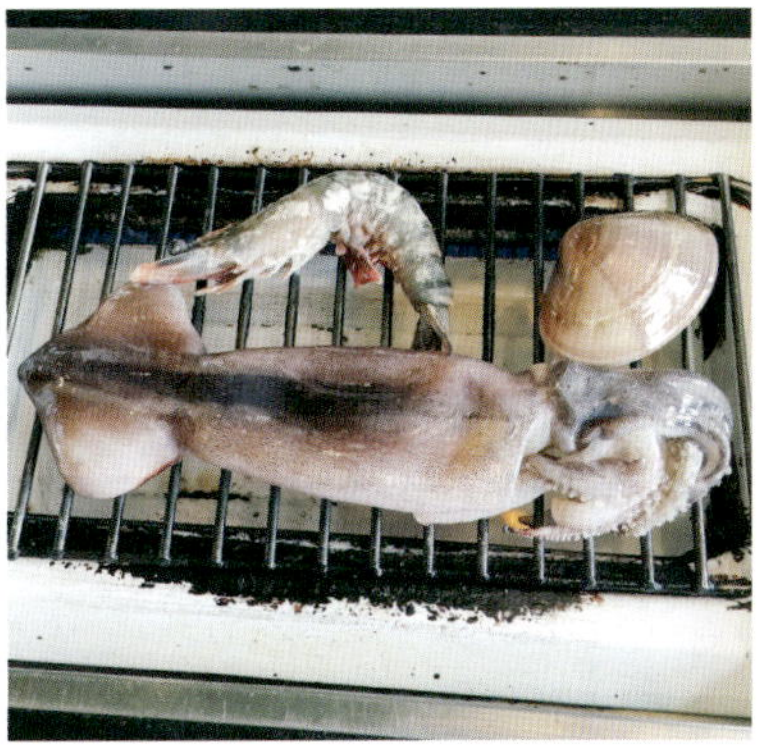

⬅今回泊まるホテル(P.10)

⑦ ハトヤホテル

静岡県伊東市岡1391
☎0557-37-4126

昭和生まれ憧れホテル、高台に建つ「ハトヤ」

「伊東に行くならハトヤ 電話は4126（よい風呂）」。昭和32年頃、日本のテレビCMで初めて、ホテルのCMが放映された。一度聴いたらすぐに口ずさみたくなるCMソングを手がけたのは高名な二人。作詞はジブリ映画『火垂るの墓』の原作者で、童謡「おもちゃのチャチャチャ」の詞も手がけた作家・野坂昭如。作曲は、ザ・ドリフターズの「いい湯だな」や、童謡「手のひらを太陽に」の曲も作った作曲家・いずみたく。子どもの頃はこのCMが流れると、テレビにかけより一緒に歌ったり踊ったりしていたが、私の生まれが「ハトヤ」と同じ静岡だから身近に感じるのだと思っていた。ところが実はハトヤのC

1. 設計を手がけたのは竹中工務店。ホームページで過去のCMが観られる。 **2.** 背景に見えるのは高層の新館。全部で160室以上ある。 **3.** 純粋な旅行者同様、建築好き、写真撮影好き、昭和遺の産好きもこぞって宿泊に訪れる。

M、平成初期まで一部を除く全国で放映され、ザ・ドリフターズもコントのネタにするほどの国民的なCMと知る。関西や九州出身の同世代以上の友人に尋ねると、みな軽快に歌い出すから面白い。ハトヤは昭和生まれの間で、もっとも知られるホテルと言っても大げさではないだろう。

湯量が豊富で源泉数が多く、日本三大温泉の一つに数えられる伊東温泉。戦前にハトが飛び出すマジックで財を成した奇術師が、「ハトヤ」という旅館を始めようと準備するも、戦争勃発で計画は一旦停止に。終戦後は経営する気力を失い、すでに完成済みで「ハトヤ旅館」と看板まで掲げていた14室の建物を売りに出した。それを買い取ったのが、当時サラリーマンをしていたハトヤホテルの創業者。ハトヤの名はそのままに、旅館をホテルに建て替えて、昭和22年に開業を迎えた。

お茶の間で親しまれるCMから家族向きのイメージが強いハトヤだが、姉妹館「サンハトヤ」が開業する昭和50年頃までは、時代の先を行く高級ホテル。大人が非日常を楽しみ、主には会社の社員旅行や新婚旅行で訪れてみたい憧れのホテルだった。

本館と別館をつなぐ連絡通路「未来への通路」。
万博のパビリオンのような近未来的な作りで、CD
ジャケットやファッション撮影に使われることも。

伊東駅から車で5分ほど。市街地越しに相模湾を見晴らす高台に建つハトヤは、通称が「海ハト」の海辺の姉妹館「サンハトヤ」に対し、「山ハト」と呼ばれる。湯量も豊富で5つの自家源泉を有し、温泉がいいともっぱらの評判。各部屋のお風呂も温泉が出るし、プールも温泉だから体を冷やさず年中泳げる。CMで歌われる電話番号「4126（よい風呂）」の語呂合わせは、番号が3ケタから4ケタに変わるとき「ハトヤさんはお湯がいいから」と伊東の電話局が気を利かせてとっておいてくれたというのも、ハトヤにまつわる逸話だ。さらには送迎バスや、地元の消防署から買い取った自衛消防隊の消防車ナンバーも、4126で統一する徹底ぶり。もう一つの「8108（ハトヤ）」ナンバーの車も、宝探しのように見つけたくなる。

4. ディナーバイキングの、自分で作るたこ焼きコーナー。 **5,6.** 幾何学的な照明の形に惚れ惚れ。絨毯の模様やパブリックスペースに置かれた椅子など、良品が館内のあちらこちらに。 **7.** ディナーバイキング会場のシアターホール。席は部屋ごと指定制。2時間存分に好きなものを味わえる。

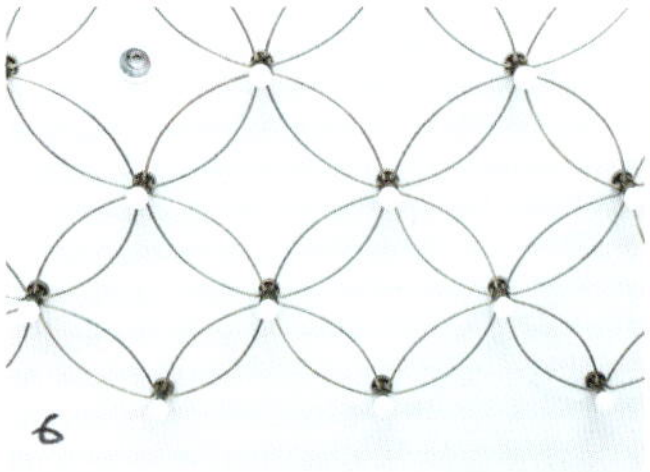

照明も絨毯も看板の文字も レトロモダンな昭和遺産

ハトヤでは、絶え間なくカメラのシャッターを切った。どこを切り取っても絵になるのだ。古きよき昭和の大型観光ホテルは、万博のパビリオンのようにスケールが大きい。外観は昔、21世紀の建物はこんなふうと思い描いた近未来的な姿。館内には赤絨毯やシャンデリアで華やかな演出が施され、館内の目印となる案内板や、スリッパの古風な文字でさえ、にっこり微笑みかけたくなる愛らしさ。幼い頃にホテルへ泊まると、部屋でのんびりなどとはいかず、探検と称して施設中を巡ったけれど、大人といえど昔と変わらず、ロビーや売店やバーや卓球場や

……あちらこちらじっとしていられない。ゆったりの部屋を飾る鳩の置物や、ハト型の茶菓子を見るにつけ、冒険心と高揚感が駆り立てられ、探検に向かうスリッパの足取りも軽くなる。

　大きなガラス貼りの窓から伊東の夜景を一望できる別館・2階構造のシアターホールは、600人収容できる圧巻の空間。往時は日夜、大物歌手のショーが開催され、天井からはゴンドラが下りる仕掛けもあるそうだ。夏はマジックショーをおこなう日もあるけれど、ディナーショーの開催はサンハトヤのみとなり、今はディナーバイキングの会場に。海山の幸、地元の食材ふんだんの、和食職人による食事も美味。寿司や天ぷらは屋台風で、目の前でできたてがふるまわれるのも嬉しい。子どもたちが嬉々とするのは、たこ焼きやわたがしを自ら作るチャレンジコーナー。まるで祭りの中にいるような多幸感が漂う。

8. シアターホールの大きな窓から伊東の市街地が望める。 **9.** 昔のテレビCM「ハトヤ消防隊篇」。警備員が消防隊を兼ねている。 **10.** ホテルの安全を守る消防隊。幸いなことに訓練以外は一度も出動したことがない。消防車のナンバーは電話と同じく「4126」。 **11.** 一年中利用できる温泉プールや、ゲームコーナー、卓球場、バーやスナック、ラーメンコーナーなど、娯楽施設もいろいろ。

12. ハトヤ旅館時代の写真。　**13.** 貴重なハトヤ旅館時代。昭和21年11月にハトヤ旅館を始め、翌年には改めてハトヤホテルを創業。旅館は移築され、「小鳩荘」と名付けられた。　**14.** ハトヤホテルの創業者・原口清司夫婦。　**15.** 伊東駅→ハトヤ→サンハトヤと運行する送迎バス。ナンバープレートの数字は「4126」。**16.** 昔のCM画像より。ハトの家族が旅行する。

17. 売店で販売しているオリジナル手ぬぐい（1,000円）。他に湯のみ、ボールペン、根付けなどもある。　**18.** お土産に喜ばれる「ハトヤサブレ」（12枚入り1,296円）。

昔も今も、なごみの巣

ハトヤホテル

静岡県伊東市岡1391
☎0557-37-4126
平日一人13,000～（1室2名利用の場合、1泊2食付、消費税、入湯税別途要）
IN 14:30～17:00
OUT 10:00
【送迎】JR「伊東駅」より無料送迎バスあり。

19. 売店でお土産を買うとこちらの袋に。裏側はサンハトヤのデザイン。　**20.** 浴衣もハト柄。一般のホテルだとパブリックスペースでの浴衣はマナー違反になるが、国内の大型観光ホテルならば許されるのが嬉しいところ。　**21.** お土産用の徳利（972円）。

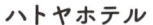

昭和50年誕生の、海辺の「サンハトヤ」

ハトヤのCMにはいくつかの種類がある。私の記憶にもっとも深く刻まれているのは「昔々浦島がハトヤの亀に連れられて海底温泉行ってみれば〜」と子どもたちが歌う「海底温泉 浦島篇」。石造りの風呂の壁一面が、水族館さながらの大水槽。目の前の魚とともに、海の流れに身を委ねるような心地で温泉に浸かる人の姿を見て、いつかあのお風呂に入りたいと、強く強く憧れていた。月日は経ち大人になり、自由に旅ができるようになった。子どもの頃の夢を叶えるべく「あのお風呂へ！」とハトヤからパンフレットを取り寄せたことで、混在するイメージに気が付いた。私が長年思い続けた海底温泉「お魚風呂」があるのは、全室オーシャンビューの「サンハトヤ」。伊東には高台の上の「ハトヤ」と、海辺に建つ「サンハトヤ」、2つのホテルがあって、お風呂や食事の個性もそれぞれ違っていると認識できた。

そうして目指した「サンハトヤ」。伊東駅から、ハトヤ経由でサンハトヤに向かう送迎バスが出ているので、それに乗ってハトヤに立ち寄りロビー周りを見学したのち、夕方16時代にチェックイン。通常の夕食は宿泊者共通で18時からと決まっていて、レストラン・シアターでディナーショーを観ながら和食膳を味わう。たいていみなそれまでに、利用時間が19時までの、温水プール「古代ビーチ」で遊んだり、海底温泉「お魚風呂」でひと風呂浴びているから、ディナーショー会場はほとんどが浴衣姿。客席の共通衣装はゆるりと気も緩むうえ会場の一体感を盛り上げるのか、40分前後のショーは手拍子や拍手がおこり始終和やか。20時過ぎには食事も終わり、その後はおのおの、露天風呂付きの大浴場やゆったりとした部屋で過ごす。カラオケコーナーを兼ねたファミリースナック「鳩止場」では、普段は人前で歌わぬ人も、満天の星空風の照明の下では気が大きくなり、果敢にマイクを握ってしまうだろう。

1. 中二階まで吹き抜けのロビー。　**2.** 客室は全室オーシャンビュー。　**3.** 客室に設えたお茶菓子。ハトヤまんじゅう。　**4.** 家族連れも多いファミリースナック「鳩止場」　**5.** CM「大漁苑篇」を再現して記念撮影ができるようロビーには魚のぬいぐるみが。　**6.** 客室に設えた鳩の置物と絵画。

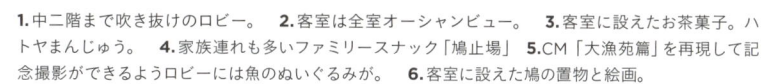

ショーはハトヤのルーツ
ハトヤ暮らしの鳩も舞台に

「ハトヤ」に立ち寄り、「サンハトヤ」で過ごした日から、私の中の〝旅観〟に大型観光ホテル道が立ち現れた。また訪れたい。他も知りたい。どこを目指すか。どう楽しむか。それまでは、二人旅くらいがちょうどいいクラシックホテルやデザイナーズホテル、老舗旅館を目途に旅先を決めていたが、気兼ねない仲間と観光地や温泉街へ赴きたいと思いが膨らむ。

　私が初めて観たサンハトヤのディナーショーは女性演歌歌手のショー。最初はドレスで登場し、煌びやかな電飾のステージで、国民的アイドルのヒット曲や懐メロを数曲。着物への衣装替えと同時に背景セットは提灯に。外国人客のため世界に知られる日本の歌も合間に入れて演歌を数曲。最後はレビュー風の舞台に切り替わり、ハトヤのCM曲が流れる中、ホテルで飼育されている鳩も舞台に上がりフィナーレ。盆や正月にテレビの歌番組を親戚みなで観て憩うのに通づる、円満な食事時間を実に楽しめた。

　ハトヤのルーツは鳩を使った手品のショー。ゆえにハトヤで鳩は、もてなしや慰みのシンボルとしても大切にされてきた。ショーも館内装飾も、鳩尽くしのハトヤとサンハトヤ。穏やかな気持ちになれるのも、平和の使者のおかげだろうか。

7. レストランシアターの開場は18時。ショーは18時半頃から。 **8.** ショーの出演者はだいたいひと月ごとに変わる。 **9.** 出演者にもよるが入れ替わる舞台セットも見所。 **10.** ショーの終演後は入口で出演者のサイン会も。 **11.** 演歌、歌謡、マジック、ものまね、日本舞踊、ショーの種類は様々。 **12.** 2階もあるレストランシアターは500人収容できる広さ。

13. 水着着用なので家族客も多い屋内温水プール「古代ビーチ」。野外プールは冬は釣堀に。 **14.** 海底温泉「お魚風呂」に併設の露天風呂。利用時間は6:30〜19:00で朝日を眺める人も。ホテル上階の「パノラマ大浴場」は夜間も利用可能。 **15.** 海底温泉「お魚風呂」は2タイプあり、1日ごと男女入れ替わる。ウミガメ、真鯛、シマアジなどが泳ぎ、いけすとしての役割も。

ホテルサンハトヤ

静岡県伊東市湯川堅岩572-12
☎0557-36-4126
平日一人16,000〜（1室2名利用の場合、1泊2食付、消費税、入湯税別途要）
IN 14:30〜17:00 OUT 10:00
【送迎】JR「伊東駅」より無料送迎バスあり。

16. 伊東駅〜ハトヤ〜サンハトヤと巡る送迎バス。バスやホテルを背景に記念撮影を。チェックイン後は、サンハトヤの別館にあるレストラン「大漁苑」や、すぐ近くの道の駅「マリンタウン」に立ち寄る人も。

寄り道・立ち寄り〜
〈スイートハウスわかばへ〉

昭和25年から続くソフトクリームの店。元はアイスキャンディーやアイスまんじゅうを手作りしていた。今は当たり前に通じる「スイート（スイーツ）」も創業当時は珍しい言葉。しかしすぐに街に馴染み、学校帰りに甘味をほおばる学生もいれば、コーヒーを飲んだり軽食を食べたり喫茶店使いする人も多い。

毎日大きな鍋にミルクをたっぷり入れて仕込むなめらかで濃厚なソフトクリーム。ひんやりなのに、気持ちはほっと温まる。

⬆ 基本は、ぽってりと絞り出された手作りソフトクリーム（370円／外売りは300円）。夏はあっさり、冬は少々甘味を強く、味を変えている。ソフトクリーム入りの、パフェ、あんみつ、プリン、クレープ、ホットケーキは、食べ応えがあって男性にも人気。 ➡ アメリカのダイナーのような大きめの椅子も、ゆったり寛げるようにというおもてなしの一つ。

⬇ 多くの人が集う公園のような店になればと、店のテーマカラーは緑色。愛嬌顔のうさぎのキャラクターは絵が得意な知り合いに描いてもらった。

伊東市中央町6-4／9:00〜22：00／月曜休／☎0557-37-2563

HOTEL COLUMN

No.1

ホテル暖香園

Hotel Dankoen

温暖な気候で年間通して過ごしやすい伊豆半島の東の玄関口。温泉の泉質は、さらりと肌に優しい単純泉と、保温効果が高く浴後も体がぽかぽかと温かい弱食塩泉が中心で、開湯は平安時代と伝わる伊東温泉。幕末の頃から温泉街が形成されるも、交通が不便ゆえにしばらくはひなびたまま。明治になって、すぐ近くの熱海に東京からの汽船が航行すると湯治客の足も延び、温泉の掘削が手掘りから機械掘りへと発達したことで急激に源泉の数が増えて、別府や湯布院と並ぶ日本屈指の温泉街へと発展した。昭和13年に国鉄伊東線が全通してからは近代的な保養地として賑わい、戦後の一時は毎日お祭りのように人で溢れていたそうだ。

東京からスーパービュー踊り子号でおよそ2時間。思い立ったらすぐに向かえる地元・静岡の温泉地として、たびたび旅をしていた伊東。松川河畔に建つ元旅館で街のシンボル「東海館」を訪れるたび、通り道にある「ダンコーエンボウル」の看板を写真に撮った。そこには伊東生まれの漫画家・秋竜山氏の朗らかなイラストが描かれ、看板さえ伊東らしい風景に思えて。

しばらくは通り過ぎるだけのボウリング場へ立ち寄ることに決めたのは、同世代の女性小説家や編集者15人を引率し、伊東を案内する途中。屋根からピンがひょいと飛び出す2階建の建物。客層の大半は快活に余生を謳歌するシルバー世代。「○○（地名）ハッスルミスター会」などいかにも愉快なトーナメント名を付け、朝から優雅にプレイする。今では珍しい木のレーンや手書きのスコア表も健在で、壁を飾るは、はらたいら氏のイラスト。浴衣姿の客には裾がはだけぬようモンペを貸し出し、モンペルックの人もちらほら。物語の舞台にふさわしい大らかな昭和の景色がそこにはあり、もの書きの友人たちは感ずるものがあるはず。そんな確信は的中し、温泉街のボウリング場に相応するドラマや小説の場面設定が各所で飛び交い、絶え間ない歓声と笑いの渦の中でゲームは行われた。

1. 設計は地元の工務店。昭和43年の竣工当時、無駄なく近代的な建築設計と話題になった。中庭のプールは昔、幻想的な照明に照らされ「ファンタジックプール」と呼ばれた。　**2.** 男性用露天風呂「やんも」。伊東では山桃のことを「やんも」と言い、木の周りに神が集まると伝わる山桃の木が見守る。　**3.** 無料でモンペの貸し出しを行う「ダンコーエンボウル」の顔出しパネル。　**4.** 「ホテル暖香園」の朝食会場。干物、しらす、わさびしいたけなど、伊東の名産品コーナーが。

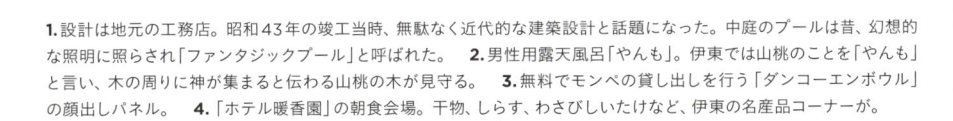

ダンコーエンボウルの母体となるのは、徒歩1分の距離にあり、明治22年に旅館として創業した「ホテル暖香園」。ヱビスビールの創設者・馬越恭平の元別荘を改装した離れの宿「きた岡」を有し、川端康成の囲碁小説『名人』の対局場面の舞台としても登場する。

初代社長の幼少期、病弱な息子を心配した父親が療養のため伊東に別荘を建てた。温泉の効果があって体調は快方に向かい、この湯を大勢に知ってほしいと別荘を旅館「止水亭」に改築。当初は花嫁修業で勤める女性が多かったようだ。その後、漢学者・三島仲洲が暖香園と命名。漢詩の「霊泉吹く暖香」から取った言葉で、「とてもいい温泉ですよ」という意味がある。

敷地の一部が道路計画に加えられたのを機に木造旅館を壊し、鉄筋コンクリート造りのホテルを新築したのは昭和43年。高級志向のホテルが多い中、あえて大衆向けの部屋を設計。甲乙つけず全100室以上10帖の同じ作りに揃えたのは、幹事が部屋割りに苦労しないようにと配慮してのこと。全館共通の和室（2部屋のみ洋室）に泊まって抱いたのは、無駄なくさっぱり心地よく、ビジネスホテルよりゆったり贅沢の好感。簡素ゆえ、ひたすらぐっすり眠れる。娯楽は扉の外の街の中へ。

5.「ダンコーエンボウル」の開業は昭和48年。当時はプレイするのに順番待ちは当たり前。芸者がボウスを投げる写真も残る。 **6.** 高級志向だった温泉街のホテルで、簡素に居心地のいい大衆向けの部屋を作った先駆け。食堂はルームサービスをしない方針で眺望のよい場所に。夜間はダンスホールに変わる公共スペースも作った。昭和43年には専門誌『旅館建築』でも巻頭で特集されたほど。 **7.** 昭和時代のパンフレット。 **8.** 暖香園の前身は、ボウリング場の隣接地にあった旅館「止水亭」。その頃、客がダンスに興じるロビーの風景。
静岡県伊東市竹の内1-3-6／☎0557-37-0011

熱海《あたみ》温泉《おんせん》の旅

ATAMI ONSEN

SHIZUOKA, JAPAN

昭和遺産を楽しむ

← 今回泊まるホテル（P.30）

7 ホテルニューアカオ

静岡県熱海市熱海1993-250
☎0557-82-5151

〈東京から熱海温泉へ〉

●電車利用の場合
東海道新幹線で「東京駅」から「熱海駅」まで約35分〜

●自動車利用の場合
東名高速自動車道「厚木IC」から小田原厚木道路、国道135号線経由で熱海まで約1時間半（約105km）

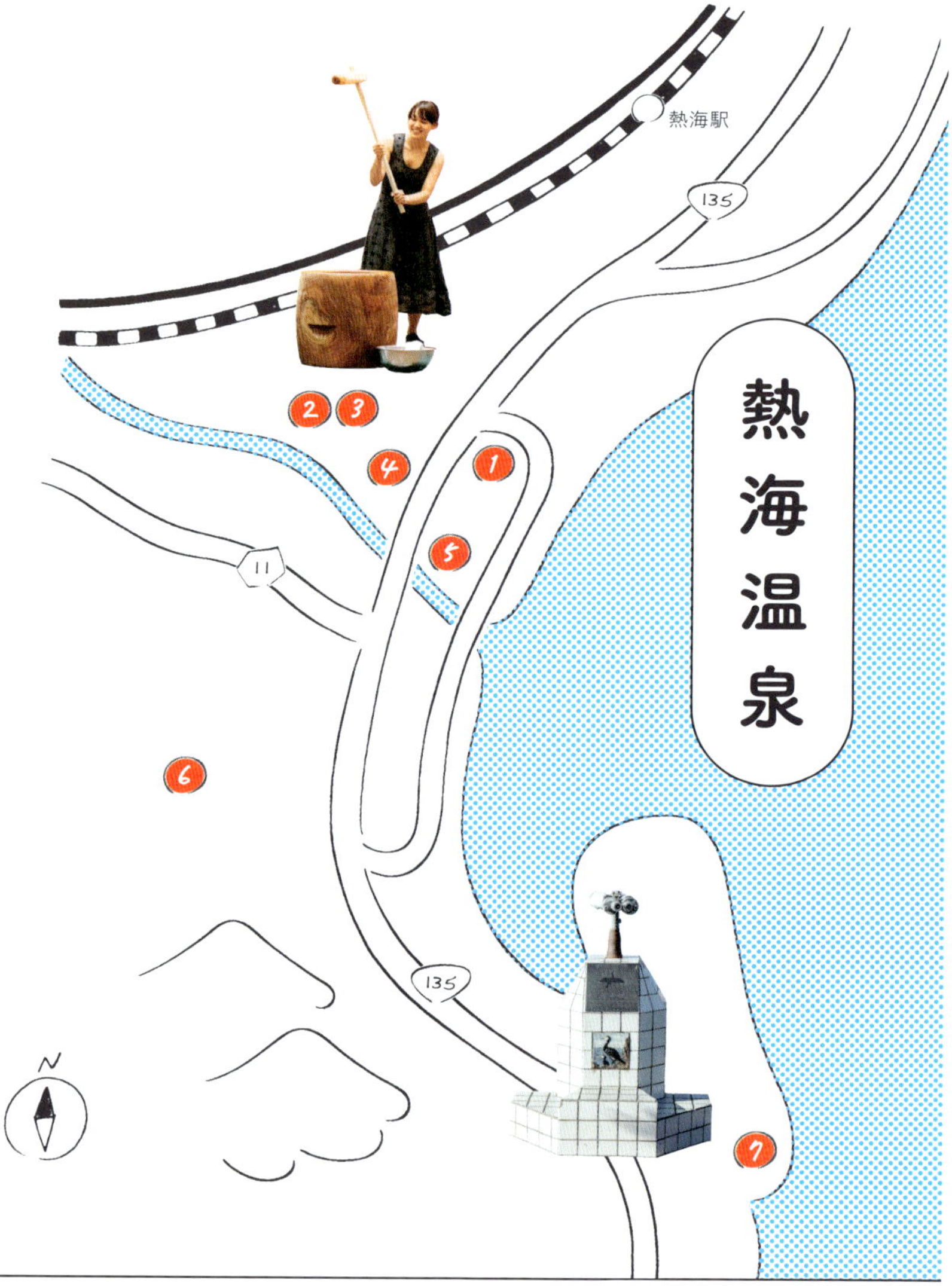

← 喫茶コラム／熱海の名喫茶（P.38）

2 ボンネット

熱海銀座商店街からすぐ。昭和20〜30年代にはモダンな映画館通りだった路地に佇む。芸者や文豪にも名が通り熱海の文化の拠点だった。

3 純喫茶パインツリー

熱海銀座商店街の喫茶店。店先にはメニューの食品サンプルがずらり。テーブルとして活用するスペースインベーダーのゲーム機も絵になる。

5 田園

海岸沿いの親水公園まではすぐそこ。店の中央に鯉が泳ぐ池のある喫茶店。大理石の壁や繊細なレリーフの天井など建築好きも心惹かれる。

6 起雲閣

⬆大正8年に別荘として建てられ、昭和22年からは旅館に。和館と洋館からなる建物を見学できる。⬅洋館に併設のサンルーム。⬇池泉回遊式庭園。静岡県熱海市昭和町4-2／9:00〜17:00／水曜（祝日の場合開館）、年末年始休／入場料510円、中高生300円／☎0557-86-3101

1 三木製菓

⬆昭和23年創業の菓子店。名物はさっくり柔らかな舌触りのクッキー「ネコの舌」。店のマークはネズミ柄。⬅個人的な好物は甘じょっぱいおせんべい「あまから」。⬇コーンに詰めて凍らせたソフトクリーム。静岡県熱海市渚町3-4／9:30〜18:00／第三水曜・木曜・第一日曜休／☎0557-81-4461

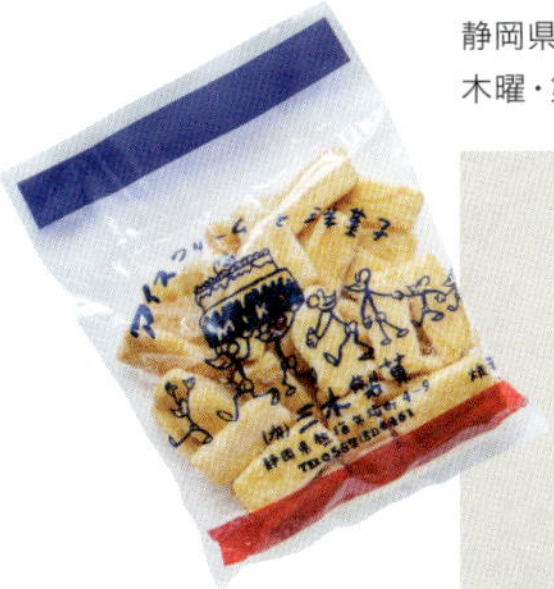

KANKOH MAP

ATAMI ONSEN

4 カレーレストラン あたみ 宝亭

⬅昭和22年から続く洋食屋。名物は写真左のカツカレー（950円）。玉ねぎと静岡県産の豚肉入りで、コクのあるルーは、カラッと揚げたカツと好相性。あじフライカレー（950円）も熱海らしいメニュー。一角に水の流れる岩場のあるユニークな店の作りにも注目を。静岡県熱海市銀座町5-10／11:00〜15:00、17:00〜19:30／木曜&月1回不定休／☎0557-82-3111

景勝地・錦ヶ浦に築かれた
海上のエンターテインメントホテル

古墳時代に海中から熱湯が吹き出したのが「熱海」の由来で、江戸時代は熱海の湯を徳川家に献上する「御汲湯」が行われた。明治以降は実業家や政治家が温暖な温泉地に別荘や保養所を持つように。文学では尾崎紅葉『金色夜叉』が知られるが、永井荷風、林芙美子、谷崎潤一郎など多くの作家がこの地を愛し、小津安二郎やつかこうへいの映画や戯曲の舞台にもなった。昭和30年代からしばらくは、新婚旅行や団体旅行客で毎日がお祭り騒ぎ。景気が低迷すると市街地は静まり返るも、最近は昭和の懐古的風景が残る温泉リゾートと再び注目されている。

海辺の街に坂が多いのは火山が地形を成した証し。温泉も大地の息吹だ。熱海湾西南・錦ヶ浦の断崖絶壁や海蝕洞も、伊豆半島多賀火山の噴火の名残り。紺碧の海に光が注いで輝く日の出の様を京の錦織と重ねてその名がついた景勝地だが、戦後は地元の人も近寄らぬ荒れ果てた土地となっていた。そこに心を傾けたのが「ホテルニューアカオ」創業者。幼少期に風景を見て胸を打たれた記憶から、土地を整備し、ホテル、遊歩道、展望台、庭園を作り、小国のような理想郷を築くべく一念発起。海から昇る朝日や月影が水面に映り光の帯を描く詩的な景色の感動を、多くの人と分かち合いたいと思う一心で。

1. 25万坪の敷地に、二つのホテル、ビーチ、庭園を有する。 2. 送迎バスの通り道。明治43年開通のトンネル「観魚洞隧道」。 3.「メインダイニング錦」上の「屋上庭園」。海中で火山噴火が起こった跡「水冷破砕溶岩」を観察できる。

4. ニューアカオと別館「ロイヤルウィング」の中間にある「錦崎庭園」の展望台からメインダイニング錦を見下ろすと、断崖絶壁と一体化する建物の様子がよく分かる。

YEBISU

2,000平米もの広さを誇る「メインダイング錦」は、ローマ宮殿をイメージしている。大きな窓の外には、日本ジオパークにも認定される、火山活動によってつくられた地形・錦ヶ浦の絶景。陸上大型火山・多賀山の約70万年前の噴出物を見ることができる。毎日ディナーショーを開催。

1日目の朝からたっぷりと滞在できる、あれこれのおもてなし

5. フロント前の豪奢な装飾。柵の下は螺旋階段。　**6.** 1階大浴場前。階段、絨毯、タイル壁に惚れ惚れ。　**7.** ロビー前のベランダ。目の前に熱海港。　**8.** メインダイニングで毎日開催されるディナーショー。　**9.**「サロンド錦鱗」。9〜17時は飲み物でおもてなし。ダンスパーティー会場にも。

戦後まもなく熱海駅前に創業した土産物屋「赤尾百貨店」。新たな事業として昭和29年に開業した12室の「赤尾旅館」が、「赤尾ホテル」へ一新してしばらくの後。「人の通りにくい道を進む」が理念の社長が思い描いたのが、景勝地・錦ヶ浦の美しい自然の中に、ホテルや文化的な施設が会する「アカオリゾート公国」を築くこと。周囲の反対を押し切り、役所に掛け合い社員を育て、荒れた土地の掃除からホテル作りを始めた。そうして昭和48年、魚見岬の岩盤と断崖絶壁の環境を活かして完成した、20階建て・250室の「ホテルニューアカオ」。全室から遮るものなく真下に広がる海を眺められるのは、海上のホテルならではの特別な風景。緑の木々に囲まれた遊歩道や展望台は古代遺跡のような趣で、開業当時の熱海ではまだ珍しかった高層・大型の新星ホテルも、今や老舗の風格を湛える。

ホテルの館内施設を利用できるのは、朝8時から。昔は「3日遊べる1泊2日旅行」なるテーマを謳っていたという。以前は館内に一晩中オープンするナイトクラブがあり、宿泊予定日よりも1日早く到着し、夜通し遊ぶ人もいたそうだ。さすがに今は一晩中ではないけれど、コーヒーサービス、温泉、温水プール、ディナーショー、餅つき大会……朝から夜までのおもてなし。市街地まで距離がある分、せっかくここまで来てくださったのだから、ホテルや景色や庭を楽しみ、少しでも長く寛ぎ過ごして欲しいと、創業者が願ったこと。私はといえば、ジブリ映画『天空の城ラピュタ』の天空庭園を思わせる錦崎庭園をなすこともなく歩いたり、海上にふわりと浮かぶような左右ガラス張りの「サロンド錦鱗」で、気のすむまで海を眺めていたい。

10. 玄関・フロント・ロビーがあるのは、17階の最上階。浴場は海面に近い1階に。
11. ホテルの玄関。ホテルの設計は清水建設。
12. ロビー隣の売店前で。　**13.** ロビーは赤い「アカオ」の文字の下、ホテルの最上階に。ベランダからは、日の出や月、相模湾に浮かぶ初島、熱海の市街地や夜景、年間10回以上開催される花火大会など絶景を望める。

16. 大人も夢中な「お祭り広場 アカオ横丁」の射的。
17. メインダイニング錦のディナーは、和洋食を組み合わせた創作コース料理。写真はメインの肉フィレステーキ。熱海らしくお造りや海鮮鍋のメニューも。
18. 月がデザインされた愛らしい浴衣。

14. 館内には大浴場と露天風呂、2つのお風呂が。こちらは大浴場に隣接し、海の上にある半露天風呂「烏帽子の湯」。ひのき風呂をハーブで香り付け。
15. 海まで5メートルの距離にある露天風呂「頼朝・政子の湯」。お湯は海底から直接引き揚げる無色透明の塩化物温泉で、海水のようにしょっぱい。

小国のような、ホテルの中で

ホテルニューアカオ

静岡県熱海市熱海1993-250
☎0557-82-5151
平日一人15,500～（1室2名利用の場合、1泊2食付、消費税、入湯税別途要）
IN 13:00～18:00
OUT 11:00
【送迎】JR「熱海駅」より無料送迎バスあり。

19. 射的、駄菓子屋、ラーメン屋、屋台風酒場が集う、お祭り広場 アカオ横丁。営業時間は20～24時と大人向け。お風呂あがりのお酒や夜食に。

熱海の名喫茶

政治家や作家の別荘地だった熱海。戦後はモダンな店が次々創業。今では老舗の風格を放つ文化的な名喫茶店を巡った。

【純喫茶パインツリー】

静岡の郷土工芸品「熱海楠細工」を扱う「箱根屋物産展」として江戸時代末期に創業。次第に玩具や土産も置くように。昭和34年に「ブラジル」という名で喫茶店も始め、昭和53年に「パインツリー」に改名。そのときからメニューに軽食やパフェが増えた。ロイヤルプリンアラモード（1,000円）は果物たっぷり。静岡県熱海市銀座町7-7／8:30～20:30／不定休／☎0557-81-6032

【ボンネット】

昭和27年創業。三島由紀夫や谷崎潤一郎も来訪。名物は米軍キャンプ仕込みのハンバーガー。静岡県熱海市銀座町8-14／10:00～15:00／日曜休／☎0557-81-4960

【田園】

創業は昭和34年。店内には池があり、そこには「寛一お宮の像」で知られる館野弘青の作品が。静岡県熱海市渚町12-5／9:00～20:00／木曜休／☎0557-81-5452

御《ご》殿《てん》場《ば》の旅

GOTENBA

SHIZUOKA, JAPAN

ヴィラを楽しむ

御殿場

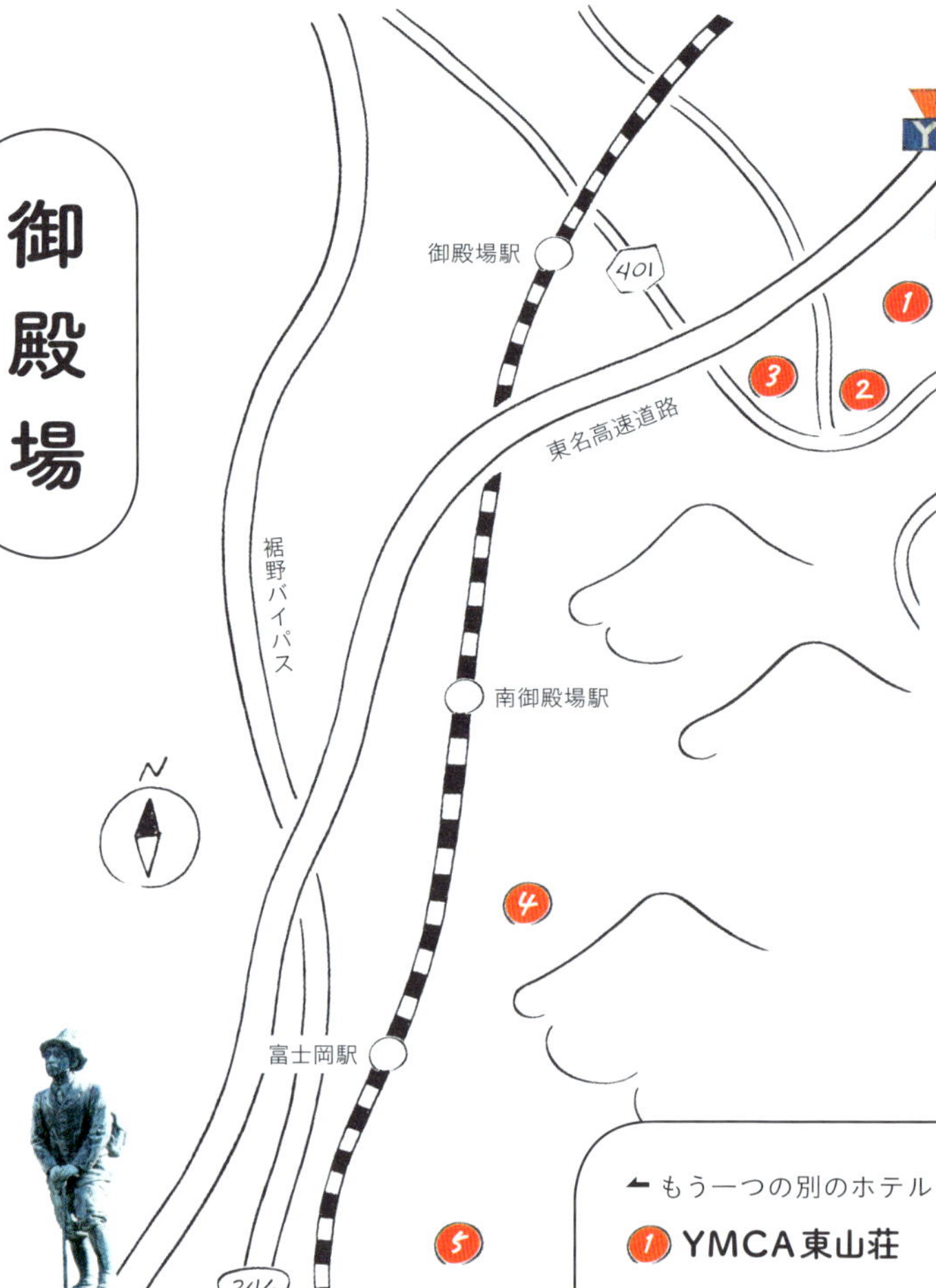

〈東京から御殿場へ〉

●電車利用の場合
小田急ロマンスカー「新宿駅」より「御殿場駅」まで約95分。もしくは東海道新幹線「こだま」で「三島駅」まで約60分、御殿場高原　時之栖へは無料バスあり。約35分

●自動車利用の場合
東名高速自動車道「東京IC」から「御殿場IC」まで約60分（約75km）

今回泊まるホテル（P.42）

5 御殿場高原 時之栖

静岡県御殿場市神山719
☎0550-87-3700

もう一つの別のホテル（P.48）

1 YMCA東山荘

財団法人日本YMCA同盟が運営する国際青少年センターで、誰でも利用できる大型の宿泊・研修施設。個室・大部屋など部屋のタイプは様々あり、建築的視点で見ても面白い。

立ち寄り・寄り道（P.47）

2 東山旧岸邸

「時の栖」からは車で約20分。「YMCA東山荘」からは徒歩でも移動できる距離。建築家・吉田五十八が設計した、元首相・岸信介の旧自邸を見学できる。「とらや工房」に隣接。

⬆御殿場インターチェンジ近くの「とらや御殿場店」。春夏秋冬の富士山を意匠化した美しい羊羹「四季の富士」を限定販売。併設の虎屋菓寮でも味わえる。

④ 杉山養鶏場

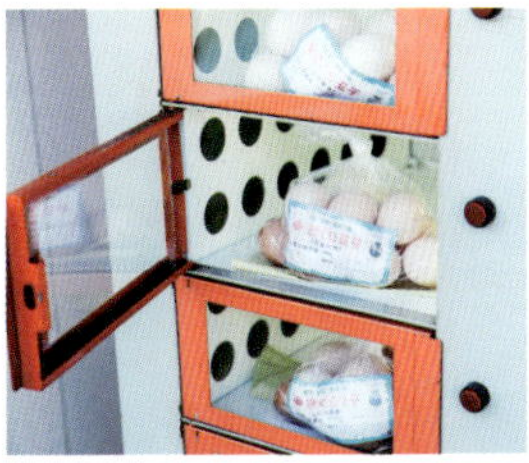

➡純国産鶏・ゴトウさくらが産む「さくら玉子」を販売する自販機。⬇玉子や、玉子を使ったプリンやケーキ、野菜、お茶やわさび漬けなどの静岡名物を販売するお店や、開業者の絵画作品などを展示する小さな美術館も。静岡県御殿場市二子84-1-1／8:30〜18:00／無休／☎0550-87-1727

KANKOH MAP

GOTENBA

⬆(上) YMCA東山荘の入口にある東山湖。釣り堀があり、富士山も望める。(下) YMCA東山荘「夕陽（せきよう）の丘」からの富士山の眺め。

③ 秩父宮記念公園

⬆秩父宮同妃両殿下が戦中戦後に過ごした別邸跡地を整備し、喫茶や売店もある公園に。展示室には敷地内の窯で両殿下が作られた愛らしい陶芸作品も展示。⬇享保8年建築の茅葺きの母屋。リビングルームや囲炉裏部屋などを見学できる。静岡県御殿場市 東田中1507-7／10:00〜16:30（4月〜17:00、6〜8月〜17:30、9〜3月、5月 9:00〜）／第三月曜休（祝日は開園）／入園料300円／☎0550-82-5110

温暖な気候の静岡県の中でも、富士山の裾野に広がる御殿場市は比較的標高が高く、冬は雪が積もり寒さも厳しい。代わりに夏は涼しく過ごしやすいため、戦前から箱根や軽井沢に並ぶ避暑地として知られ、秩父宮雍仁親王、西園寺公望、広岡浅子、白洲正子、岸信介、黒澤明など、政財界の著名人や文化人の別荘があった。明治時代にはすでに、アメリカ村と呼ばれる外国人別荘地が、箱根に続く街道周辺の東山・二の岡地区に築かれたが、今では御殿場の名物であるハムやソーセージの製法を地元の人に伝えたのも、そこに暮らすアメリカ人宣教師。以来、地域に養豚が普及し、昭和の初めには本格的にハムの生産が始まった。

　ホテル、温泉、地ビール醸造所、レストラン、美術館、運動場などのレジャー施設が広大な敷地に集う「御殿場高原時之栖」

メルヘンチックな物語の世界へ

があるのも、元は静岡県の酪農研究施設だった場所。その土地が民間の手に渡り「富士牧場公園」として運営されたのち、沼津が本社の食肉加工会社「米久」創業者・庄司清和氏が、新たなリゾートを作りあげた。〝時之栖〟という社名は、「小鳥たちが集い、やがて巣作りが始まり、雛が誕生する楽しいひととき」を表すそうだ。庄司氏は仕事に疲れた大人の隠れ家になればと、まずは平成7年に、富士山の湧水とドイツ仕込みの技術で「御殿場高原ビール」の醸造を開始。それからとりどり施設が増え、すっかり一つの町のよう。

　時之栖には、ホテルタイプとロッジタイプ、6つの宿泊施設がある。私は最初、御殿場での

1. スローハウスヴィラは、ピーターラビットの部屋以外にも、通常タイプ、プラネタリウム付きの部屋、巨大なくまのぬいぐるみを置いた部屋が。　**2.** 室内は、ツインルームと、6人泊まれるロフト付4ベッドの2タイプ。　**3.** ピーターラビットのお部屋に隠れるぬいぐるみ。首には「私を持ち帰ってね」のメッセージ。 **4, 5.** 部屋は絵本のタイトルに。

仕事の折、手頃な料金で温泉にも入れるならばと、時之栖の全貌を知らず、何気なしに部屋をとった。ところがだ。着いてみれば、散策や買い物、地ビールレストランに温泉と、見どころ寛ぎどころがふんだん。嬉しい悲鳴をあげつつ、あちらこちらへ。それから団体用以外全ての宿に泊まってみたいと通い始め、きのこ型の建物がずらりと並ぶロッジタイプの客室「スローハウスヴィラ」の「ピーターラビットのお部屋」に魅了された。

6. 建物の壁に描かれたピーターラビットのキャラクター。　**7.** ロフト付4ベッドの部屋。ロフトに布団を敷いて6人まで泊まれる。　**8.** 5ヴィラ・ロッジのフロントで、ピーターラビットの絵本を貸し出しも。　**9.** 所々にイギリス風の飾りが。　**10.** うさぎ尽くしのインテリア。

「こねこのトムのおはなし」と、絵本の表紙と同じタイトルを入口に掲げた「スローハウスヴィラ」の「ピーターラビットのお部屋」。おはなし（部屋数）は全部で16話（室）。ページをめくるように扉を開き部屋に入れば、動物尽くしの絵本の世界。スリッパ、カーテン、ベッドカバー、壁紙、ティーカップ。部屋の片隅に隠されたうさぎのぬいぐるみもご愛嬌。視線の先には必ずのどかな色彩があり、物語の舞台・イギリスの田舎で過ごすように、ゆったり広々とした別宅の様な部屋で、のんびりと寛げる。室内が円形ゆえに少し変わった角度で4つのベッドが配置された部屋はロフト付き。さらに2人分布団も敷けるので、気の置けない友人と同室の和やかで賑やかな夜を。ピーターラビット好きの親しい仲間にこの部屋の写真を見せると、みなきらきらと目を輝かせ、すぐさま旅の計画が始まる。

11. 和室・洋室・キッチンがついた「ブルーベリーロッジ」。ハムや食材、ビールやワインを扱う「手作り工房」で買ったものを部屋で調理できる。

15. 毎年10月下旬～翌年3月まで、イルミネーションのまばゆい光に彩られる。

12. 富士山の伏流水で作る6種の御殿場高原ビールが飲み放題の「バイキングレストラン麦畑」。　**13.** 麦畑の一番人気は、シェフがその場で焼くステーキコーナー。
14. 食材の店「手作り工房」で「よくばりセット」（700円）をお土産に。

19. 「御殿場高原ホテル」のロビー。時之栖には、ヴィラ・ロッジの他に「ホテル時之栖」「ホテルブラッシュアップ」と、合計3つのホテルがある。

御殿場高原 時之栖

静岡県御殿場市神山719
☎0550-87-3700
スローハウス・ヴィラ 平日一人6,204～（1室2名利用の場合、朝食付、消費税、入湯税別途要）
IN 15:00　OUT 11:00
【送迎】JR「三島駅」「御殿場駅」「裾野駅」よりホテルまで無料シャトルバスあり。

16. 敷地内で作る御殿場高原ビール3缶セット（1200円）。　**17, 18.** ヴィラ・ロッジ宿泊者専用の露店風呂「林檎の湯」。日帰り温泉「天然温泉気楽坊」や「源泉 茶目湯殿」に入浴しても（有料）。

立ち寄り・寄り道～〈東山旧岸邸へ〉

内閣総理大臣を務めたあとも、国会議員として活躍していた岸信介。昭和44年、御殿場に邸宅を構え、開通したての東名高速道路で東京と行き来した。来客も多かったが、晩年は趣味の盆栽やゴルフを楽しむ悠々自適な日々。快く過ごせる住まいの設計を手がけたのは、近代数寄屋建築の祖・吉田五十八。伝統・モダン・機能美が随所に。平成21年から公開が始まり、昭和の大政治家の暮らしと、名建築家の美学に同時に触れられる。

⬆ 小川やビオトープや吉田茂寄贈の石灯籠がある和風庭園より、居間と食堂を眺める。

⬇ 庭園前の居間には岸氏が過ごした当時のソファが。庭向きのどっしりとした岸氏愛用の椅子とともに、実際に座ることができる。 ⬅ 玄関ホールに置かれた椅子も、吉田五十八が手がけたもの。土台に日本の伝統的な素材である竹が使われている。 ⬋ 椅子座のため高い位置に置かれた居間の床の間。富士山の画は松林桂月。

静岡県御殿場市東山1082-1／10:00～18:00（10月～3月～17:00）／火曜休／入館料300円　小・中学生150円／☎0550-83-0747

HOTEL COLUMN

No.2

YMCA東山荘

YMCA Tozanso

小学生の頃に教会学校へ通っていた私は、富士山の裾野・御殿場の森の中の丘の斜面に、団地のように宿舎が建つ大きな研修施設でおこなわれる夏休みの子ども集会へ何度か参加した。その施設があるのは、母が生まれ祖父母が暮らす家からそう遠くなく、すぐ近くの東山湖へは散歩で訪れたことのある馴染みの場所。全国からやってくる同年代の子どもたちと、レクリエーションやキャンプファイヤーをしたり、2段ベッドに寝転び他愛ない話をしたり。夏休みの出来事は記憶に深く刻まれていた。

団体専用施設と思い込んでいたそこには、ホテルタイプ（個室・ツインルーム）と研修タイプ（大部屋・ベッド

ルーム）の部屋があり、個人でも宿泊できると知ったのは、仕事で御殿場に通い始め、市街地越しに富士山の写真を撮るため「ＹＭＣＡ東山荘」の丘の上を目指したときだ。何十年ぶりに訪れ、はっと目を見張ったのは、一棟一棟、端正な姿の建物群。古風だが品のある昭和の映画俳優のように、力強く見目麗しい。それからというもの、建築好きの私は、富士山の眺めはもちろんだが建物も愛でたくて、ことあるごと東山荘へ宿泊するようになった。

ＹＭＣＡは、キリスト教を基盤に世界中で様々な活動をおこなうキリスト教青年会。明治36年に日本ＹＭＣＡ同盟が結成され、同志社大学、青山学院大学、関西学院大学など、キリスト教系の学校で研修がおこなわれてきた。そこへ夏期学校常設館の計画があがり、夏は涼しく静謐で、美しい富士山が見晴らせる御殿場の別荘地が選ばれた。

東山荘の創立にあたっては、ＮＨＫ朝の連続テレビ小説「あさがきた」の主人公のモデルで、女性実業家・広岡浅子が中心となって奔走し、三井家や岩崎家などの財閥、元首相・高橋是清と、政財界の要人から寄付が寄せられた。そんな浅子はクリスチャンになった晩年、東山荘近くの二の岡地区に所有していた別荘で、前途ある女性を集めて夏期勉強会を開いていたが、その

1.「ディーン・リーパー メモリアルロッジ」の共同スペース・談話室。個室が４部屋あり15名以上で貸切もできる。
2. ディーン・リーパー メモリアルロッジの設計は、一粒社ヴォーリズ建築事務所。 **3.** 赤い屋根の建物が、ウィリアム・M・ヴォーリズ設計の「フィッシャー館」で、宿泊もできる。手前右側に見えるのは、ちんまり愛らしい物置小屋。
4. 昭和40年築の「1号館（斎藤記念館）」。設計は「駒沢オリンピック公園総合運動場陸上競技場」と同じ村田政真。

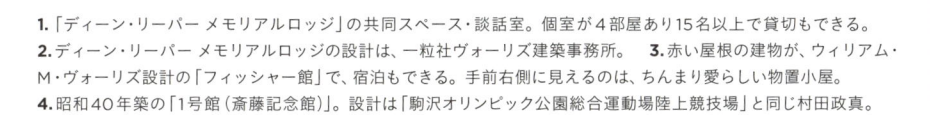

会には同じくNHK朝の連続テレビ小説「花子とアン」の主人公のモデル・村岡花子が参加していたというから、ドラマチックだ。

大正4年、YMCA東山荘の落成時に建っていたのは、講堂と宿舎が一棟ずつ。設計したのは、メンソレータムを日本に普及させた実業家で、YMCA活動にも熱心だった建築家のウィリアム・M・ヴォーリズ。なんと彼は、広岡浅子の、娘婿の妹の夫。昭和25年には、浅子とともに東山荘設立に尽力した、ゲーレン・M・フィッシャーの名を冠し、聖書研究室として作られた「フィッシャー館」も手がけている。

それから徐々に施設が増え、今では本館の他に6つの宿舎棟と、宿泊できる2つのロッジ、体育館、黙想館、講堂、バーベキュー場、キャンプファイヤー場、グラウンドや芝生広場などが約2万坪の敷地に点在する。学校のキャンプ、部活動の合宿、企業の研修、個人旅行まで、利用者の目的もさまざま。私のように建築好きの人に一押ししたいが、気高く全てを包み込むような神々しい富士山の絶景には誰もが琴線に触れるはず。フロントで配布する、近辺の歴史や見どころを詳しく記した「東山・二の岡 お散歩マップ」を手に、閑静な別荘地も散策してほしい。

5. 昭和４年、東京YMCAに設置された暖炉を東山荘に移築したもの。写真は2代目本館のロビーで、現在は3代目本館のロビーに。2号館のロビーにも暖炉とグランドピアノがある。 **6.** 昭和40年竣工の2代目本館。設計は村田政真。現在の本館は3代目。 **7.**「夕陽（せきよう）の丘」の下に建つ、昭和50年築の「黙想館」。富士山と正対する窓の前には、祈りのための場所らしく、富士山とひとつに重なるように十字架が置かれる。宿泊者は黙想館への出入り自由。富士山の麓で育った私は、ここからの富士山の景色をもっとも美しいと思う。
静岡県御殿場市東山1052／☎0550-83-1133

塩《しお》原《ばら》温《おん》泉《せん》郷《きょう》
の旅

SHIOBARA
ONSENKYO
TOCHIGI, JAPAN

ショーを楽しむ

今回泊まるホテル（P.54）

⑤ ホテルニュー塩原

栃木県那須塩原市塩原705
☎0570-021-126

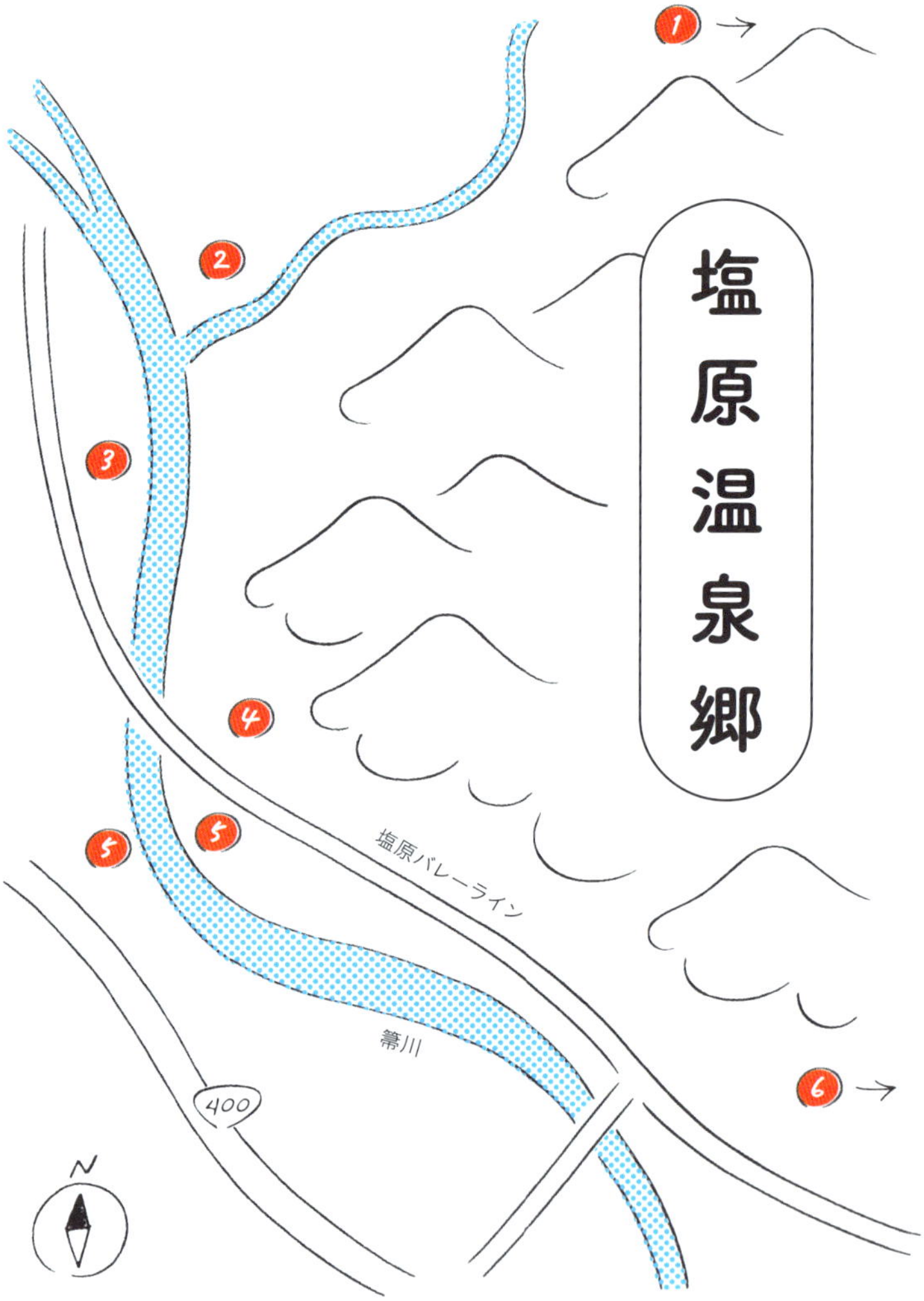

〈東京から塩原温泉郷方面へ〉

●電車利用の場合
JR東北新幹線「東京駅」から「那須塩原駅」まで約70分

●高速バス利用の場合
「JR新宿駅南口」からJR高速バスにて「塩原温泉」まで約180分

●自動車利用の場合
東北自動車道「川口ジャンクション」から「西那須野塩原インターチェンジ」まで約80分（140km）、「西那須野インターチェンジ」から国道400号線で「塩原温泉」まで約20分（15km）

もう一つの別のホテル（P.60）

① モンゴリアンビレッジ テンゲル

ホテルニュー塩原との距離は車で約40分。1棟で最大6名まで（ビッグゲルは10名まで）宿泊できるゲル（独立棟）が連なり、友人・家族同士で一風変わった旅をするのにうってつけ。

少し足を伸ばして（P.59）

⑥ 千本松牧場

池袋からホテルニュー塩原までの直通バスが往路で立ち寄る千本松牧場で昼食を。ジンギスカンやソフトクリームでお腹を満たしたあとは、動物たちとひと遊び。

② 見晴台鱒つり場（小山つり堀店）

⬆➡ 箒川の吊り橋を渡り釣り堀へ。竿とエサ代は無料で、釣った鱒を1匹400円で買い上げる仕組み。それを炭で焼いてもらってお座敷でいただく。鮎などの定食や一品料理も。栃木県那須塩原市塩原1636／9:00〜17:00／木曜休／☎0287-32-3876

④ 水車（みずぐるま）

⬅⬆ 創業25年の食堂で、塩原名物・スープ入り焼きそば（750円）を。茹でた麺を肉と野菜で炒めてソースで味付けし、醤油味のつゆを注ぐ。甘辛の後味が尾をひく。栃木県那須塩原市塩原708／11:00〜18:00／不定休／☎0287-32-2640

KANKOH MAP

SHIOBARA ONSENKYO

⬅ 塩原名物・スープ入り焼きそばは「こばや食堂」でも。 ⬇「松泉堂本店」の「三食まんじゅう」。中身は温泉まんじゅう、吹雪餡、うぐいす餡。

③ 塩原もの語り館

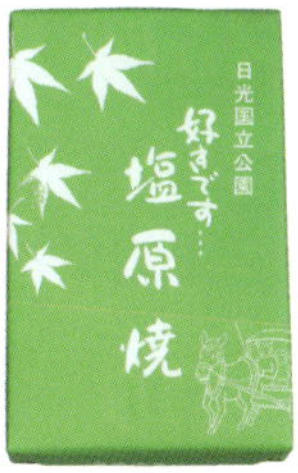

⬆↗ 夏目漱石など塩原ゆかりの文豪や歴史を紹介する施設。土産が並ぶ売店では、観光馬車が象られたカステラまんじゅう「亀屋本舗」の「塩原焼き」を。栃木県那須塩原市塩原747／8:30〜18:00／無休／☎0287-32-4000

開湯は平安時代。１２００年もの歴史ある塩原温泉郷は、箒川の渓谷沿いに11の湯場が連なり、それぞれが違った泉質と効能を持つ。千年を超える湯治場は国内でおよそ４％と数少なく、10種類に分類できる温泉の泉質のうち、塩原だけで６種類が湧き出していること。それらは７つの異なる色が付き、黄金色や乳白色に輝きながらみずみずしく肌を包むこと。山に抱かれ渓谷に寄り添うように宿が建ち並ぶ、昔ながらの温泉街らしい趣。箒《ほうき》川沿いのところどころで見られる美しい地層は、この地が太古は海や湖の中にあった証。湯や風景や長い歴史が人を手招き、温泉通も繰り返し足を運ぶ。高速道路を降りて20～30分も車で走れば温泉街に辿り着く交通の便も利点だが、明治・大正の時代から、夏目漱石や谷崎潤一郎ら文人もこの地を慕い、尾崎紅葉『金色夜叉』などの文

開湯1200年の温泉郷の ホテルに響く甘い歌声

1. 温泉街を流れる箒川を挟んで建つ塩原一の大型ホテル。
2. 東西の館を結ぶ箒川にかかる空中通路「虹の架け橋」。
3. ホテルの玄関で送迎バスを出迎える宇都ノ宮晃氏。
4. 昭和47年に完成した西館地下にはボウリング場が。

学作品も生み出された。文人と言えば、大正時代に文壇きっての旅好き作家・田山花袋《かたい》が、紀行本『温泉めぐり』で塩原の11湯を「温泉郷」と表して以来、複数の温泉が湧く地を「温泉郷」と称するようになったそうだ。へー塩原、行ってみたい…。

私を塩原へと向かわせたきっかけは、数年前に不意に観たテレビ番組。夕方のニュースだったか、その後の用事を忘れてじっと直視した。経営が立ちいかなくなった老舗の大型温泉ホテルの運営を、お台場にある温泉テーマパーク［大江戸温泉物語］が請け負い、再起を図るドキュメンタリー。明確かつ手頃な宿泊プラン。まぐろの解体ショーを盛り込んだバイキング。旧ホテル時代から働くスタッフ、新たな仕掛け人、平日は毎晩ショーをおこなう専属歌手、一丸となって奮闘しながら客人をもてなす姿勢。月に数回通い、頬を赤く染めて歌謡ショーに熱狂するご婦人たち。名門ホテルが舞台の人間劇場を見たようで、予期せず胸を打たれた。すぐさま手帳に「ニュー塩原」と書き込み、いつかあの歌謡ショーに〝参加したい〟と思い続けた。

2

4

3

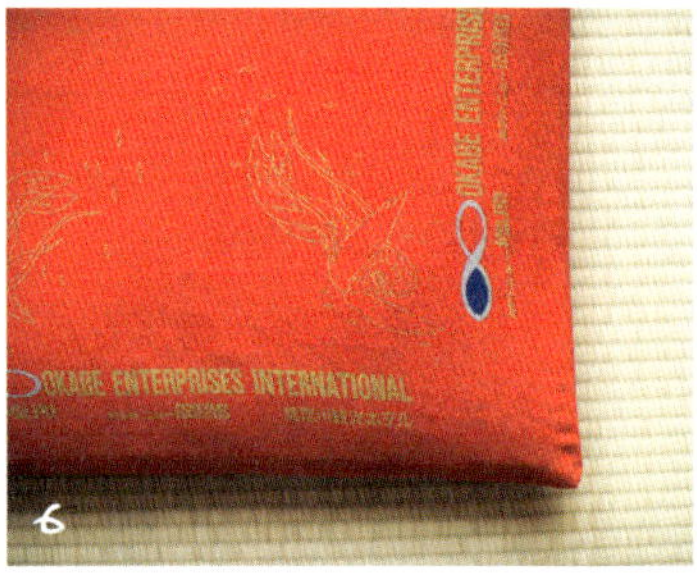

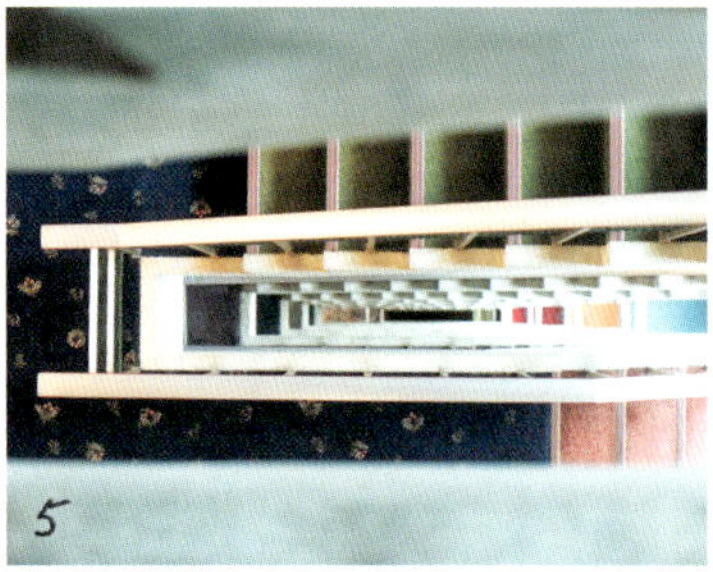

栃木のプリンスの城にて ときめきという効能を

のちに［ホテルニュー塩原］と改称する［塩原東京ホテル］の創業は昭和27年。創業者はエレベーターなど機械関連の会社を起こした岡部脇太郎。鬼怒川や伊豆にもホテルを築いた［岡部ホテルグループ］のテレビCMは90年代まで盛んに流れ、北関東出身者には馴染み深い。

箒川を挟んだ東西に迷路のように入り組む3館。西館と湯仙郷には、箒川上の空中通路「虹の架け橋」が渡されているが、昭和30〜40年頃まではロープウェイで結ばれていたという。

滞在時の最大の楽しみは、平日連夜無料でおこなわれる「宇《う》都ノ宮《つのみや》晃《あきら》歌謡ショー」。〝栃木のプリンス〟こと晃氏は、実のところ北海道出身。2012年、栃木の地名・宇都宮と日光（晃）を背負い、専属演歌歌手としてホテルの舞台に立ち始めた。日ごとのギャラは観客が1本500円で購入する〝おひねりレイ〟の数次第。妖婉な蝶の電飾が彩る舞台や客席の間を、ご婦人方の桃色の声援に包まれ駆け抜ける7曲45分のステージ。最初は傍観していた初見客も、次第に晃氏の歌と踊りと話術に魅せら

5. 8階建ての西館階段。 **6.** 客室座布団。ホテルの母体が［岡部ホテルグループ］だった時代を物語る。 **7.** 本館にあたる西館ロビー。 **8.** 旧本館の湯仙郷リニューアル後は、西館が昭和の面影を色濃く残す。 **9.** 和服やスーツに衣装を替える晃氏とともに舞台の飾りも変化する。

れ、慌ててレイを求めに走る。日常とは真逆の高揚感に心地よさを覚えた人は、また晃氏に会うためホテルに通い始める。

　憧れのショーの幕開き前にまだかまだかと最前列で身を乗り出す私に、隣席のご夫婦が応援用小道具の電飾団扇をプレゼントしてくれた。「妻に付き合い通い出したら、私までファンになってね」そう話す品のいい紳士と一緒にピカピカ光が瞬く団扇を大きく振りかざす。手拍子や声援がさらに増し、会場の熱気も最高潮に。ショー会場も、ときめきという効能を持つ温泉施設のひとつだった。

　翌朝、昨日とは別の老夫婦に「晃さんすてきでしょ」と話しかけられた。「パワーもらうの。前は車いすだったけど、ショーに通い出したらこれで歩けるようになった」と杖をかざすお父さん。そうかそうだ、晃氏そのものが熱を放ち歌で心に花を咲かせる温泉みたいな人なのだ。

11, 12. 改装を重ねた館内で「バー貴婦人」は昭和の時代から変わらぬ趣。1ドリンク（1時間）カラオケ付・1,000円。歌って踊ってお酒を味わう常連客に温かく迎えられ、一見でもどっぷりと楽しめる。

10. 塩原の名瀑・七絃の滝が見晴らせる畳敷の卓球場。素足で、浴衣で、球も体も弾ませて。ひと汗流した後は、すぐ目の前の湯仙郷温泉浴場へ。男女合わせて15の温浴場が備わり寛げる。

14. 「まぐろ祭り」期間中、毎日夕食バイキング会場で開催される「まぐろ解体ショー」。まぐろのカマをめぐるジャンケン大会も盛況。

13. 宇都ノ宮晃歌謡ショーが開催される会場の名は「レインボーパレス」。緞帳の絵ばかりか、虹をイメージして天井もアール型。写真はかつて宴会会場として食事が提供されていた頃のもの。 **15, 16, 17.** 湯仙郷、西館、B&H館、3館各所にある温泉浴場。肌に優しく皮膚を滑らかにするため美肌の湯と称される。右から、西館女性岩風呂、西館男性岩風呂、B&H館貸切露天風呂。

塩原温泉
ホテルニュー塩原

栃木県那須塩原市塩原705
☎0570-02-1126
平日一人7,980～（1室2名利用の場合、1泊2食付、入湯税別途要）
IN 15:00　OUT 10:00
【送迎】「那須塩原駅」より無料送迎バスあり、また池袋、埼玉駅より直通シャトルバス（往復4,320円）が運行。いずれも要予約。

少し足をのばして～〈千本松牧場へ〉

明治13年、伊東博文らの薦めで開拓が始まり、明治26年には那須開墾社から土地を譲り受けた元総理大臣の松方正義が欧米式の農場を開いた。大正時代になると綿羊や競走馬を飼育し、戦後から酪農を開始。森林を有する広大な敷地で、牧草作りから乳製品までが生産される。

ホテル直行のバスは日により時間は異なるが、ここで休憩をとる。昼食と土産選びで時間いっぱい過ごしたが、次回は牧場内に湧く温泉に浸かりたい。

⬆ 絞りたての牛乳で作る自家製ソフトクリームショップ。 ⬋ ジンギスカンは牧場秘伝のタレで（ラムセット一人前1,400円）。 ⬊ 売店には自家製乳製品・肉製品、栃木土産がずらり。

～売店で、お土産を～

⬆ ミルクケーキ：ケーキといえど噛めばポリポリ固い、練乳風味の板状菓子。４袋入550円
⬈ 那須トラピストガレット：修道女手作りの焼き菓子。バターと卵のふくよかな香り。４個入460円

栃木県那須塩原市千本松799／9:00～18:00／無休／☎0120-36-1025

HOTEL COLUMN

No.3

モンゴリアビレッジ テンゲル

Mongolia Village Tenger

那須高原は全国でも有数の酪農地帯。その歴史は戦後間もなく、国が旧満州から引き揚げた開拓団家族に、入植地として斡旋したことに始まる。決して豊かではない昭和の頃。寝るも食べるも団欒も家族がひとつの部屋で過ごすのは当たり前のことだった。しかし今ではそれぞれが個室で過ごす時代。親族や気心の知れた友人同士の旅行でも、寝る場所は別というのは珍しくない。

木々に囲まれ温泉が湧く牧歌的な高原に「モンゴリア・ビレッジ テンゲル」が誕生したのは1999年。当時はまだ珍しかったモンゴルの土地柄や気候が、牧場の多い那須に通づると気付いたオーナーは、モンゴルへと赴く。そ

うして遊牧民族の暮らしや、移動式住居・ゲルについて学び、那須では宿泊施設にすると決めた。家も部屋も日本の生活空間は主に四角く、ゲルは丸い。円形のひとつの部屋で、家族や友人と語らい眠り過ごすうち、気持ちも丸くなるようにと願いを込めて。

敷地内に30棟近く並ぶゲルの赤い扉を、さあ開けてみよう。くるりと４台のベッドが部屋を囲み、中央のテーブルの傍には、火に神が宿るとされるモンゴルの暮らしの象徴として鍋が飾られている。ゲルも家具も天井から下がる愛らしい布飾りも、モンゴルからの直輸入品。そこにエアコンやテレビが加わり、どの季節も快適だ。

冬季は鍋も選べるが、夕食の基本はバーベキュー。朝食はロシアの影響が色濃いモンゴル風に、洋食が用意される。毎日開催される伝統楽器・馬頭琴の演奏会で美しい音色に耳を傾けたり、夜空の星を見上げたり。自然に寄り添う異国の文化や暮らしの体験。木々に近い静かな夜に、目をつむればストンと夢へ向かい、朝目覚めて外へ出れば四方から聞こえる鳥のさえずり。施設名「テンゲル」がモンゴル語で蒼天を意味するように、空を近くに感じながら、晴れやかな心持ちで時を過ごせる。

1. 通常のゲルにはベッドが４台。布団を敷いて最大６名まで宿泊可能。1泊２食付一人９,700円〜。 **2.** 通常のゲルの他に、最大10名宿泊できる大きなゲルも２棟あり。 **3.** モンゴルの民族衣装・デールを身につけて施設内で記念写真が撮れる。30分500円。 **4.** モンゴルの遊牧民は入浴の習慣がないのでお風呂は日本人向きに。岩風呂、檜風呂、露天風呂は、全て敷地の地下800mから湧き出る温泉。

栃木県那須郡那須町高久丙1577-9／☎0287-76-6114

観光ホテルの思い出①

アニメ『ルパン三世』のオープニングテーマを作曲した大野雄二の実家で、昭和初期に旅館として創業した「ホテル大野屋」

持ち込み可のカラオケ広場

客室からは熱海湾の眺望

入浴時「入っています」に

６つの家族風呂はこんな風

旧式のカラオケボックス

ローマ風呂と、花のお風呂

「人生は旅」に深く頷く

小鳥の家族風呂

宿泊料は1泊1名1万円前後

スタジオジブリ映画『おもひでぽろぽろ』を観たのは中学生のとき。主人公・タエコが家族旅行の滞在先で数種類のお風呂をはしごしてのぼせてしまうところで、昭和41年頃の熱海が登場する。数年前にモデルのホテルが実在すると知り、すぐさま熱海を目指した。

「ホテル大野屋」の目玉は、定員３００名、２５０畳分のローマ風呂。昭和12年の誕生当時、熱海に着く汽車1両分の客が同時に入浴できるよう設計されたそう。色とりどりのタイルが彩る花のお風呂や、メルヘンチックな6種のタイル画が圧巻の無料貸切家族風呂もある。煌びやかな雰囲気で元ナイトクラブのカラオケ広場「セブンスポット」では、ステージで熱唱する人たちの歌を聴いた。4～5人のご婦人グループの一人が越路吹雪『ラストダンスは私に』を歌えば左右に体を揺らし、小学生の男の子が熱唱した長渕剛『順子』に拍手喝采。次は私もあのステージで歌ってみようと思いながら。

鬼《き》怒《ぬ》川《がわ》温《おん》泉《せん》の旅

KINUGAWA ONSEN
TOCHIGI, JAPAN

建物を楽しむ

鬼怒川温泉

もう一つの別のホテル（P.76）

① 花の宿 松や

鬼怒川温泉あさやとの距離は車で3分、徒歩でも15分ほど。竹久夢二の抒情画が館内に散りばめられた大正浪漫が香る宿。姉妹店に「日光竹久夢二美術館」「日光人形の美術館」なども。

寄り道・立ち寄り（P.74、75）

⑤ マロニエ／⑥ 東武ワールドスクウェア

5. 鬼怒川温泉駅から徒歩5分の喫茶店。目印は扉にかかるマスター手作りの猫の看板。　**6.** 予約制で、あさやから東武ワールドスクウェアへの直行バスも。鬼怒川温泉駅からはバスで5分。

今回泊まるホテル（P.66）

② 鬼怒川温泉 あさや

栃木県日光市鬼怒川温泉滝813／☎0288-77-1111

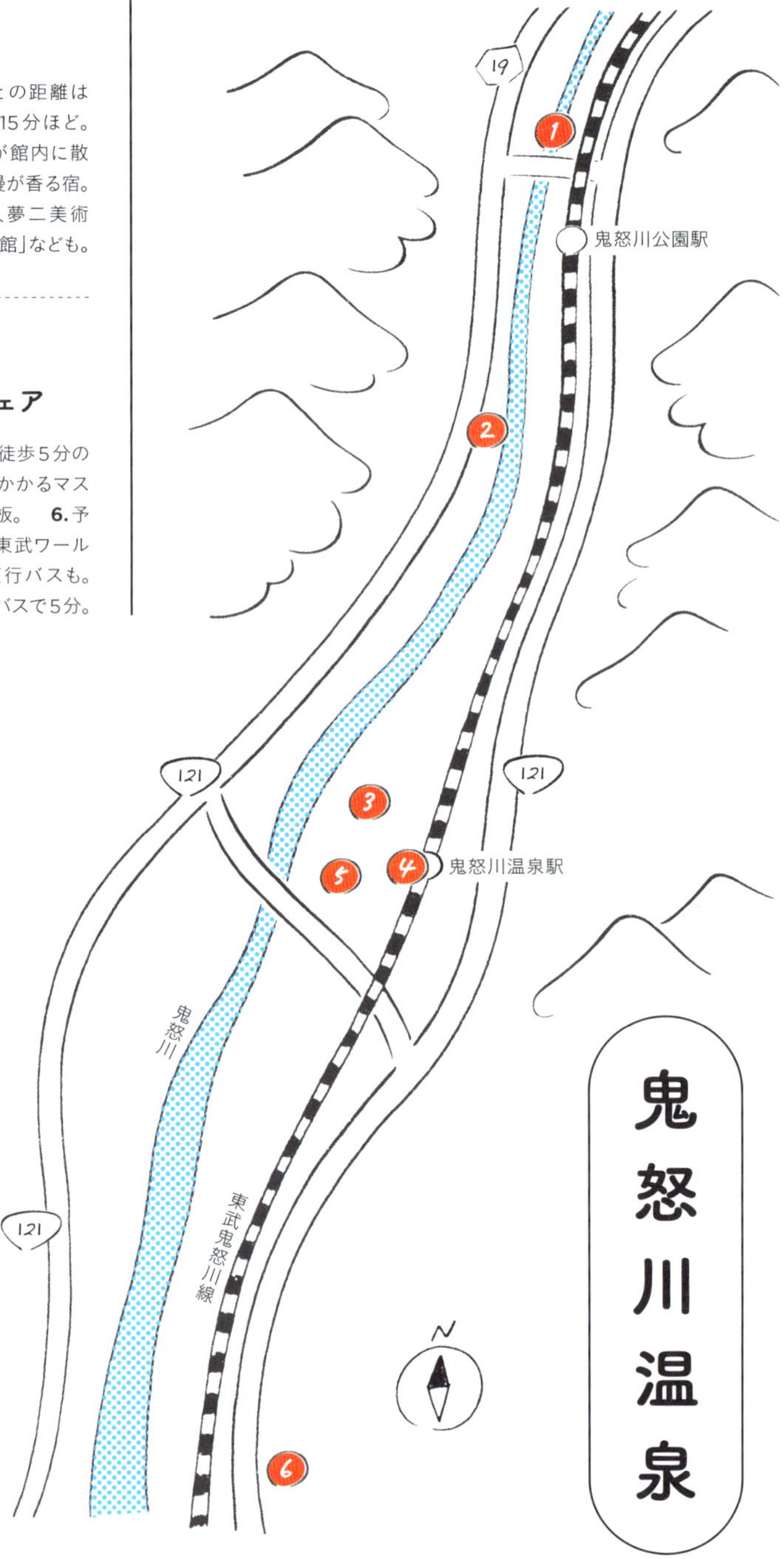

〈東京から鬼怒川温泉へ〉

●電車利用の場合
東武特急スペーシアで「浅草駅」から「鬼怒川温泉駅」まで約2時間（★おすすめ個室情報は左頁を）

●自動車利用の場合
首都高・外環道から「浦和IC」へ、東北自動車道「浦和IC」から「宇都宮IC」まで約1時間（98.2km）、日光宇都宮道路「今市IC」まで約25分（30.7km）、国道121号線で「鬼怒川温泉」まで約15分（11km）

④ 東武特急スペーシア コンパートメントルーム（個室）

➡⬇ 流れる景色を楽しめる大きな窓と、大理石のテーブルがある個室は、大人4人がゆったり寛げる広さ。車内には飲み物や軽食を販売する「ビュッフェ」もあるのでお弁当を食べながらの旅も快適。全6室、1室平日3,090円、土・日曜、休日3,700円（JR線直通特急にてJR線＋東武線の場合は1室6,180円）

⬇ 栃木県ではレモン牛乳と親しまれる乳飲料。➡「石田屋」の「日光甚五郎煎餅」は、日光東照宮社殿の彫刻「ねむり猫」印の塩煎餅。どちらもあさやの売店で購入。

KANKOH MAP

KINUGAWA ONSEN

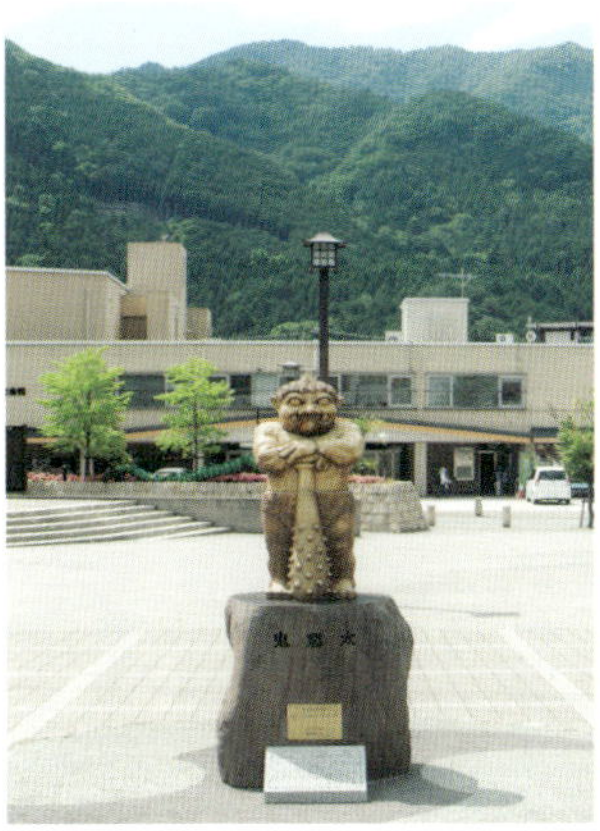

⬆ 足湯もある鬼怒川駅前には、鬼怒川のキャラクター・鬼怒太の像が。↖ 温泉街には猫がよく似合う。じんわり地熱が伝わるのかな？

③ ラーメン居酒屋 八海山

⬅⬆ 店長は新潟出身の演歌歌手・鬼怒川太朗氏。「演歌よりうまい！」がキャッチコピーで、昔懐かしい醤油ラーメンと、キャベツとニラたっぷりの餃子が評判。栃木県日光市鬼怒川温泉大原1403-11／11:00〜15:00、18:00〜24:00／月曜休／☎0288-76-8500

日光奉行に守られた高貴な湯

鬼怒川という字面だけでは荒々しさを覚えるが、元の名称は〝毛野川〟で、中世から明治初期までは〝衣川〟や〝絹川〟の当て字が一般的だった。雑木林の中を濃紺色の川が流れる中流部は、幾度か水害に見舞われながらも、夏の間は鮎漁や、ヤマメなどの渓流釣りが風物だ。

そんな鬼怒川で温泉が発見されたのは元禄4年。付近一帯の村落・滝村にちなみ滝温泉と呼ばれ、やけどに効果のある温泉として高名に。ところが幕末の頃、温泉の利用で諍いが起こり、一般の人々の入浴は禁止された。このあと紹介する「あさやホテル」のある鬼怒川右岸は当時、日光東照宮を守護する日光奉行の管轄下に置かれていた土

地。そのため武家制度が廃止されるまで、入浴は幕府の要人や日光山の僧侶などに限られた。

明治21年、会津西街道沿いの宿場町として栄えていた藤原宿で麻や炭の問屋を営んでいた八木澤善八は、「麻屋」という旅人宿を、その約20年後には鬼怒川の岸で温泉旅館「新湯」の経営を始めた。そうして大正5年には、現在のあさやホテルがある場所に建つ温泉旅館と源泉を譲り受け、「麻屋旅館」を開業。温泉好きの歌人・与謝野晶子ら文人や、著名な役者も訪れ、近代的なローマ風呂やダンスホールを備えた館内は、芸者も行き来したいそう賑わったそうだ。

旅館からホテルに形態を変え、現在の「あさやホテル」が完成したのは平成元年頃。麻問屋時代に作っていた麻や、昔の宿の様子やパンフレットを展示する館内の「あさやライブラリー」で古い資料を眺めていると、映

1. あさやホテルから徒歩5分ほど。鬼怒川にかかる吊り橋「滝見橋」。 **2.** おさるの山に通じる「鬼怒川温泉ロープウェイ」もホテルからの散歩圏内。 **3.** 右岸にそびえるのがあさやホテル。 **4.** ホテルの看板からも鬼怒川温泉の湯が鬼の顔もほころぶほどの名湯と伝わる。 **5.** 麻の葉があしらわれた前掛け。旅館だった昭和30年頃から変わらぬデザイン。

画『青年の椅子』の撮影を行う昭和25年頃の石原裕次郎の写真があった。映画やドラマのロケ地を脳内の日本地図に描くことが趣味の私は、すぐさまDVD化されているのを確認し、観たい映画リストに追加。そんな私がこのホテルを知ったのもテレビドラマで。鬼怒川での事件を紐解く刑事が訪ねたホテルの日本離れしたスケールと壮麗さに驚愕し、番組最後に流れるロケ地のクレジットを見逃すまいと、じっと見入ったのがきっかけだ。

吹き抜けや屋上風呂で見上げたり見下ろしたり

エントランスを抜けロビーラウンジに立ち、息をのむ。アメリカの建築家、フランク・ロイド・ライトが大正時代に設計し、愛知県犬山市の「明治村」に移築されている旧帝国ホテル本館を彷彿とさせる圧倒的な美しさ。12階建ての秀峰館のロビーは6階に位置し、ホテルに着いて最初に目に映るのが、視界の上下に立体的に広がる空間。各階に貼り巡らされた暖色の絨毯の合間にシャンデリアが浮かび、天井から差し込む自然の光が3階から12階までの吹き抜けを淡く包む。最上階から見下ろすと、柱や椅子や階段が幾何学模様の風景を織り成し、それが妙に愛くるしい。目の前の壮観が、見方によっては幼い頃に夢中になったドールハウスと重なり、きゅっと胸がときめく。設計したのは和倉温泉「加賀屋」と同じ会社で、今の形が完成したのは昭和から平成に変わる頃。海外旅行が流行した時代だからこそ、玄関にスタッフがずらりと並ぶ元旅館らしいもてなしや、ゆったり寛げる空間は、上手に余暇を楽しむ日本人の心に響いた。

　秀峰館屋上の空中庭園露天風呂は、鬼怒川温泉中の建物で最も高い場所にある。船形の湯船に浸かり、すぐ目の前の山並みを仰ぎながら、星が瞬く夜空の近さに、またも息をのんだのだった。

6. フロントや娯楽施設がある秀峰館。八番館の２棟からなる。**7.** ホテルの３階にあたる吹き抜けの最下階には噴水が。　**8.** ３基のエレベーター奥に見えるのは土産物が並ぶ売店。　**9.** 秀峰館の眺望和室。秀峰館・八番館ともに露天風呂付き客室あり。**10.** 高原山に抱かれるようなホテルのエントランス。

11. 鬼怒川の川面から約80メートルの高さに位置する「空中庭園露天風呂」。南北に分かれ、朝と夜、男女入れ替わる。こちらは鬼怒沼に伝わるきぬ姫伝説にちなむ「きぬ姫の湯」。丸い浴槽は鬼怒沼を、瓦塀はきぬ姫の守り神である龍を表す。　**12.**「鬼怒川ライン下り」の舟を湯船に見立てた「舟風呂」。

湯浴み、味わい、昔を知る

13. 秀峰館のブッフェ会場。和洋中100種類以上の料理が並ぶ。栃木産の食材もふんだんで、鮎の塩焼きが評判。　**14.** 栃木の名物・湯葉を使った「たぐり湯波」。野菜もたっぷり。　**15.** 自分で好きな具材をのせて作る「勝手丼」のコーナー。

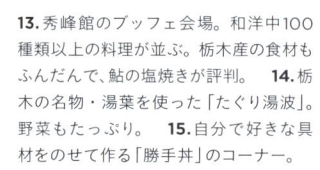

16.「あさやライブラリー」に展示される「麻屋旅館」時代のはっぴ。　**17.** ライブラリーは、資料展示の他、雑誌や本の貸し出しも。部屋でゆっくり読書ができる。　**18.** 麻屋旅館時代のローマ風呂。資料室には髪を結った地元の芸者さんたちの入湯写真も展示されている。

19. 秀峰館3階の「The BAR」。左は「12星座のハートカクテル・水瓶座」。右は甘酸っぱい「初恋フィズ」。ノーチャージでカクテル700円〜。　**20.**「カクテルの街」と称される栃木県宇都宮市のバー出身のバーテンダーも店に立つ。

鬼怒川温泉
あさや

栃木県日光市鬼怒川温泉滝813
☎0288-77-1111
平日一人11,000円〜（1室2名利用の場合、1泊2食付、消費税・入湯税別途要）
IN 15:00　OUT 10:00
【送迎】JR「宇都宮駅」より送迎バスあり（片道1席500円）、要予約。

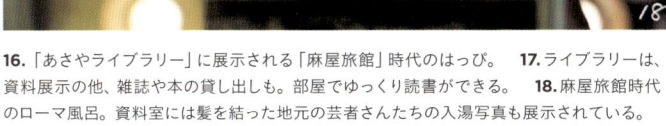

鬼怒川温泉駅でちょっと寄り道～

〈老舗喫茶店「マロニエ」へ〉

マロニエはフランス語でトチノキのこと。今の場所に鬼怒川温泉駅ができるまでは雑木林だった場所で喫茶店を始め、栃木の県の木を店の名に掲げたのは昭和48年。それ以前にも「アルト」という名の店を営んでいた。

昭和17年生まれのマスターは、根っからの職人気質。昔は電気屋で働いていたという。麻柄の絨毯について尋ねると「せがれ同士が友達で、昔あさやで使っていたのをもらったの」思わぬ結びつきに不思議な縁を感じた。

← 窓際を舞台さながら一段上げた瀟洒な店も自ら設計。
↘ 上／ゲーム機のテーブル席も健在。　下／内装の他、愛らしい置物にも注目。　↙ メニューには軽食もずらり。

栃木県日光市鬼怒川温泉大原1407-2／8:00～15:00／☎非掲載／第一＆三水曜休

鬼怒川で建築・世界旅行〜

〈東武ワールドスクウェアへ〉

見下ろしたり見上げたり、横並びで整列したり。ガリバー気分で巡る世界旅行。建築・歴史・写真好きから、世界に羽ばたく夢を見る子どもまで大興奮。

日本、現代日本、アメリカ、エジプト、ヨーロッパ、アジアと分かれた園内は、天井のない屋外型の世界建築博物館。遺跡や宮殿や高層タワー、ユネスコの世界文化遺産に登録されている46物件を含め、21ヶ国、100点以上の建造物が25分の1の縮尺で精巧に再現されている。

↑ エジプトゾーンには、3つのピラミッドやスフィンクスが。　↗ アジアゾーンの、中国の故宮。　↙ 現代日本ゾーンにて。東京タワーの背景には、新東京国際空港・第2ターミナルビル。通常ではありえない組み合わせの風景が見られるのもおもしろい。　↘ 赤煉瓦の東京駅。

栃木県日光市鬼怒川温泉大原209-1
9:00〜17:00（12/1〜3/19は9:30〜16:00）／☎0288-77-1055（予約センター）
入場料：大人当日2,800円、小人1,400円／無休

HOTEL COLUMN

No.4

花の宿 松や

Hananoyado Matsuya

日本各地を旅した明治生まれの抒情画家・竹久夢二は、昭和の初めに鬼怒川を訪れている。そんな縁ある土地で、大正浪漫の趣をたたえた〝竹久夢二の宿〟と親しまれる「花の宿 松や」。鬼怒川畔の旅館へ嫁いだものの経営が苦しく思い悩むさなか、女将・白井静枝さんは、夢二の絵に出会い強く心を打たれた。館内に夢二の絵を飾り、個人的にも作品を収集するきっかけとなった絵が、子どもを連れた女性の後ろ姿。どこか自分と重なる姿を眺めるほどにふつふつと、悲しみや辛さに耐えて越える力が湧き、ひたすらもてなすことに努める日々。すると次第に、エレベーターの扉、廊下、客室の掛け軸など館内に飾る夢二の絵を楽しみにやって

くるお客さまが増し、設えや温泉や山の幸ふんだんの料理でも、訪れる人の会話や顔付きに花が咲く。歯を食いしばったこれまでの日々は種まきだったと思えるときがやってきた。

マッチやパラソルなどさまざまなモチーフを雑貨の模様として描いた夢二。花の宿松やのティーラウンジのコーヒーカップやクッションも椿柄。紙や布や器、夢二にまつわる小物を並べる売店でも、椿の模様はとりわけ女性客に好まれているという。そういえば椿の花言葉は、完璧な魅力、女性らしさ、誇り。夢二が描く可憐さと気丈さを併せ持つ女性の姿と重なり合う。

私がこの宿を知ったのは、自分と同じく夢二好きの友から話に聞いて。宿で過ごした翌日は、姉妹館「日光竹久夢二美術館」も訪ねようと鬼怒川を旅した。そのとき、夢二の絵から密やかに抜け出てきたような、和髪に着物姿の女将さんがおっしゃったこと。「旅館の女将としては初めて黄綬褒章を授与いただいたり、相田みつをさんが常宿にしてくださったり。たくさんの縁を夢二さんが運んでくれた」。言葉から滲むのは、好きなことをを一心に追う強さと優しさ。私も旅を続けていこう。

1. 鬼怒川温泉で敷地内から川辺に降りることができるのはこちらの宿だけ。川に臨む露天風呂付きの大浴場とともに、露天風呂付きの客室も。 **2.** 客室エリアのエレベーターには夢二の絵が。各階異なる。 **3.** 宿泊客は赤と緑の椿色のレトロバス「花と浪漫号」で、「日光人形の美術館」「相田みつを心の美術館」「日光竹久夢二美術館」と、姉妹館を巡れる。 **4.** ティーラウンジ「花かんざし」。夢二もよくモチーフに選んだ椿柄のカップでコーヒーを。 栃木県日光市鬼怒川温泉藤原19／☎0288-77-1221

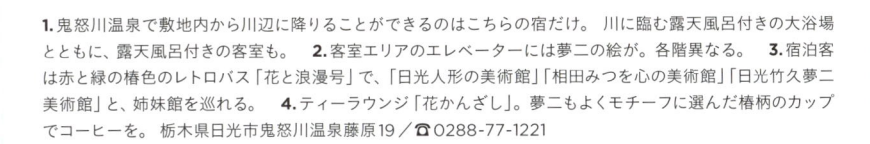

観光ホテルの思い出②

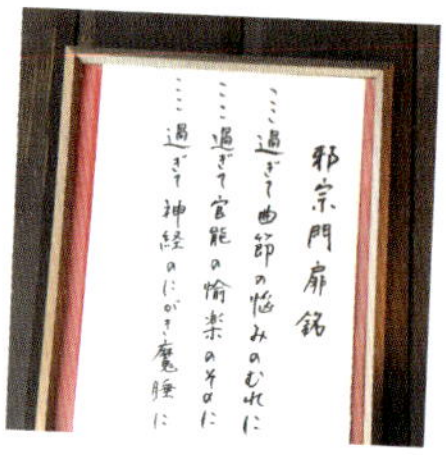

町の喫茶店「邪宗門」でお茶

黒船風の下田駅改札

下田へは踊り子号で

伊豆七島が見晴らせる

創業時のパンフレット

白砂青松・白浜海岸前に

土産は三島由紀夫の好物を

照明や手すりも見逃せない

全客室から海の眺望

昭和48年、プリンスホテルグループの高級リゾートホテルとして開業した、黒川紀章設計の「下田プリンスホテル」

主には旧皇族の邸宅跡に建つ、各地の「プリンスホテル」系列のホテルに感興を抱いたのは、名だたる建築家がどんなホテルを手がけたか調べていたとき。丹下健三、村野藤吾、清家清、池原義郎……すでに姿を消していたり、傘下に加わったり外れたり、歴史はさまざまあるけれど、建築的視点で全国のプリンスホテルを巡る旅をしてみたいと思い始めた。

以前、建築史家・倉方俊輔氏に写真を見せてもらった「下田プリンスホテル」は、黒川紀章の設計だ。創業時のパンフレットに「翼をいっぱいに広げて飛び立つカモメのように海と対話するホテル」とあるように、白浜海岸前のシンメトリーの建物は、辺りの自然にほどよくなじみ美しい。三島由紀夫も避暑を過ごした下田の町を散策したあと、バスでホテルへ向かう。平日で人もまばらな砂浜と、ソファーに腰かけ海が見える部屋、展望温泉浴場を行き来しながら、夏の終わりのような時間をのどかに過ごした。

四《し》万《ま》温《おん》泉《せん》の旅

SHIMA ONSEN

GUNMA, JAPAN

湯治宿を楽しむ

今回泊まるホテル（P.80）

4 四万温泉 積善館

群馬県吾妻郡中之条町四万4236
☎0279-64-2101

〈東京から四万温泉へ〉

●自動車利用の場合
関越自動車道「練馬IC」から「渋川伊香保IC」まで約1時間、さらに国道17号、353号経由で四万温泉まで約40分

●高速バス利用の場合
東京駅八重洲通り乗り場より関越交通「四万温泉号」で約4時間、片道3,100円、往復5,100円。予約☎0120-12-8805

もう一つの別のホテル（P.88）

6 湯元 四萬館

四万温泉・温泉街への入口近くにある、四万川沿いの宿。井伏鱒二や太宰治も訪れ、獅子文六が「ノンキな宿」と称した。大浴場の他、趣異なる複数の無料貸切風呂が評判。

温泉街の遊技場へ（P.87）

2 柳屋遊技場

温泉街で唯一、スマートボールや昔風のパチンコに興じられる遊びの場。積善からは徒歩数分。初心者も大歓迎。遊び終えたあとは名物女将から、お茶とお菓子のサービスも。

3 小松屋

⬆(上)江戸時代創業の蕎麦屋。(下)蕎麦は石臼製粉機で自家製粉。「まいたけ蕎麦御膳」(1,200円)は、まいたけの天ぷらや高原まめなど地元の名物も味わえる。 ⬋自家製味噌の「木の芽田楽」(1本150円)。群馬県吾妻郡中之条町四万4224-2/11:30〜15:00(売り切れ次第閉店)/不定休/☎0279-64-2609

1 御夢想の湯

⬆「四万の病を癒す霊泉」という四万温泉発祥伝説を伝える、湯屋造りの共同浴場「御夢想の湯」。御影石をくり抜いた素朴な湯船。 ➡御夢想の湯に隣接する「日向見薬師堂」は、病気を治すと尊ばれる。群馬県吾妻郡中之条町四万4372-1/9:00〜15:00/無休/無料/☎0279-64-2321(四万温泉協会)

KANKOH MAP

SHIMA ONSEN

5 焼きまんじゅう島村

⬆➡味噌ダレをつけた酒まんじゅうを炭火で焼いた群馬名物「焼きまんじゅう」(1本200円)。香ばしく、ふんわり。40年近く続く店。群馬県吾妻郡中之条町大字四万4237-23/10:00〜17:00(季節により変動有)/不定休/☎0279-64-2735

⬇四万川と新湯川の合流地点にある石造りの共同浴場「河原の湯」。営業時間は9〜15時で、無料。

『千と千尋の神隠し』の世界、日本最古の湯宿建築

湯治とは、温泉に浸かり病を治療すること。今のように娯楽や観光で温泉が利用されるようになったのは近代になってから。昔は病院も薬も満足になく、病や怪我を治すには、温泉地に何日か滞在し、繰り返し湯に浸かって自然の治癒を待った。

四万川の渓谷沿いに温泉街が広がり、共同浴場や飲泉所が点在する上州の奥座敷・四万温泉も、坂上田村麻呂や源頼光の家臣・碓井貞光にちなむ開湯伝説が伝わり、古くから「四万の病を癒す霊泉」と言われた湯治場だ。ナトリウム・カルシウム―塩化物・硫酸塩泉の泉質は、入れば神経痛に効き、飲めば胃腸によし。電車や車がない時代から、1日がかりで山道を歩き、やっと辿り着いた湯治客の疲れも、柔らかな湯が癒した。

そんな四万温泉に、映画『千と千尋の神隠し』に登場する湯屋「油屋」の参考モデルと言われる宿がある。四万川にかかる朱塗りの橋の向こうには、元禄7年・創業当時の湯宿の風情を色濃く残す建物が。当初は板葺屋根の2階建だったが、湯治客が増えるごと増築を重ね、今では段々畑のように山の斜面に館が建ち並ぶ。館内を移動するため階段・トンネル・エレベーターを渡り巡るうち、本当に映画の世界に入り込んだような感覚にとらわれ、気持ちが昂ぶる。

元禄4年に建てらた日本最古の湯宿建築「本館」は、昔ながらの湯治宿の形を残し、サービスも最小限。その分宿泊料も手頃で、数日滞在する常連も多い。昭和11年築で桃山様式造りの「山荘」は、部屋の随所に名工の粋な技がちりばめられ、文学的な情趣を醸す。歌人の柳原白蓮や宮崎駿監督が宿泊したのも、静かに時を過ごせる山荘の一室。一番の高台に位置する「佳松亭」は、美しい松林の中に佇む。品があって贅沢で機能的な部屋の向こうは老松の絶景。趣異なる3様の建物。どの部屋にしようか迷うのも、また楽しい。

1. 慶雲橋から眺める「積善館」。正面は「本館」で、手前右の建物「前新」の1階が「元禄の湯」。 **2.**「元禄の湯」前の飲泉。胃腸病に効果があるとされる。**3.** 積善館前にあり、すでに閉店している元土産屋。戦中学童疎開を受け入れていた。

川を挟んで並ぶ「前新」と「向新」と呼ばれる2棟の建物。前新1階「元禄の湯」を除き客は立ち入りできないが、昭和初期に作られ新湯川にかかる「積善館廊下橋」とともに、詩情をたたえた風景に。

〜湯治のための湯宿といえば、江戸時代は相部屋が当たり前。襖で仕切った部屋の中で雑魚寝し、食事はおのおの持参した食材で自炊する〜。19代目亭主が案内する「館内歴史ツアー」に参加して聞いた話しは、どれもがなるほどと感心することばかり。『千と千尋の神隠し』関連の解説も多く、ツアー後はますます宿や温泉に感興がわいた。

古くからの湯治場の雰囲気を色濃く残す積善館本館。部屋は個室化されているし、建物が重要文化財に指定されているため昔のように自炊はできないけれど、同じ宿で過ごす客同士の和やかな交流にほっと憩える。湯船や本館の食事会場となる大広間で、隣合わせたおばあさんやおじいさんと、挨拶を交わしたり、四万温泉のいいところを聞かせてもらったり。誰かの存在感や何気ない会話に温かさを感じるのは、本館ならではだ。

積善館の源泉があるのは、本

アーチ型の窓から光が注ぎ 大正ロマンが香る浴場

4. 江戸時代の建築当初の面影を残す本館玄関。太い梁や大黒柱が見事。隣接して「歴史資料館」が。 **5.** 「元禄の湯」。一角にはサウナの元祖・一人用の個室蒸し風呂も。 **6.** 色合わせが絶妙な本館・喫煙所前の床。 **7.** 本館の階段にも彩りの妙が。 **8.** 主に湯治客が利用する本館客室の扉。

館前の赤い橋の下を流れる新湯川の川底。大浴場や貸切風呂など館内5箇所の湯船から絶え間なく湯が溢れているのは、こんこんと湧く豊富な湧出量のおかげ。平均温度は78度と高温だが、加水せず川底に沈めたパイプを通して冷却した源泉とを合わせ、適温にして蛇口から掛け流す。

昭和5年、大正時代に流行した洋風のホール風に建てられた「元禄の湯」。目覚めてすぐ浴場へ向かい、扉を開けて広がる美しい情景にため息がこぼれる。窓から注ぐ光と、タイル張りの床に並ぶ5つの石造りの浴槽から立ち上る湯気がふんわり重なり、目に入る全てがきらきらと柔らかい。湯船に身を沈めると、ざざざと清々しい音をたて湯が溢れ出した。そのあと味わう朝食の美味しかったこと。源泉で炊いたお粥のおかげで、体の内側にまで温泉が沁み入った。

9. 湯治宿の様式を守る本館。夕と朝は宿泊客に弁当式の滋味深く健康的な食事が用意される。内容は選択でき写真はその一例。朝食には胃腸に効く名湯で炊くお粥を食せる。　**10.** 予約制ではないので気軽に入れる貸切風呂「山荘の湯」。空いていれば、入口の札を「使用中」にして、内側の鍵をかけて入浴する仕組み。　**11.** 利根川の青石を埋め込んだ本館の「岩風呂」。　19～21時が男性専用、21～23時が女性専用、その他の時間は混浴。　**12.** 赤い階段を降りると岩風呂が。

四万温泉
積善館

群馬県吾妻郡中之条町四万4236　☎0279-64-2101
平日一人7,000円～（1室2名利用の場合、1泊2食付、消費税・入湯税別途要）
IN 14:00～18:00
OUT 10:00

13. 群馬県重要文化財の本館と、国登録文化財の山荘をつなぐ「浪漫のトンネル」と呼ばれる廊下。　**14.** 桃山様式造りを取り入れ、昭和初期の職人の技巧が光る「山荘」次の間付きの角部屋。柳原白蓮など著名人も宿泊。

温泉街の遊技場～

〈柳屋遊技場へ〉

女将の京田二二子さんは、18歳から四万の湯に浸かり病を治しつつ、60年間、スマートボールとパチンコの店を続けてきた。「昔は温泉街に、射的やスマートボールで遊べる同じような店が6軒あったけど、数年前からうち1軒だけ」。昭和60年頃にはスマートボール台の会社もなくなり、以来、メンテナンスも女将の仕事。「なくなったらさみしいって言われるから頑張ってる」。一見さんも優しく出迎えてくれるから心配いらない。

⬆ 店があるのは、昭和の雰囲気が色濃く、飲食店や商店が並ぶ「落合通り」。積善館からも徒歩ですぐ。 ⬈（右）スマートボールは1回500円・50玉。昔風のパチンコも。（左）遊び終えた人には、お茶とお菓子をサービス。 ⬊ スマートボール初心者でも安心を。おしゃれに着飾り、チャーミングな話しぶりの二二子さんが、孫の手片手に遊び方を教えてくれる。

群馬県吾妻郡中之条町四万4145／10:00～18:00／木曜休（祝日は営業）／☎0279-64-2520

HOTEL COLUMN

No.5

湯元 四萬館

Yumoto Shimankan

「四萬館はノンキな宿であります。僕らはノンキに湯を浴び、ノンキに仕事ができます。時々用いようと思います。」

とは、小説家で演出家の獅子文六が、「湯元 四萬館」を表した言葉。文人の宿として知られる四萬館には、井伏鱒二と太宰治が並んで温泉に入る昭和15年の写真が残る。その2年後、太宰治の短編小説で、作家同士の書簡の形をとった『風の便り』が発表されるが、そこに登場する宿が現在の経営者一家が引き継ぐ前の四萬館。元は環境のよさを見込んだ地元の人たちが出資して作った旅館だが、東京の資本家が経営者だった時期があり、その頃に多くの文豪が東京からやってきたそうだ。

『風の便り』に登場する二人の作家には、架空の名前が当てられているけれど、大作家と貧しい作家は、実生活で師弟関係を築き、ともに四萬館で過ごした、井伏鱒二と太宰治本人がモデルなのだろう。

約3kmに渡る四万川の清流沿いに温泉街が形成される四万温泉。川の上流から、日向見、ゆずり葉、新湯、山口、温泉口と5つの地区に分かれ、四萬館があるのは温泉街の入口「温泉口」のバス停前。バスを降りて最初に目に入る宿の脇の赤い丸ポストや、観光地によくある記念撮影用の太宰治の顔出し看板を目を細めて眺めていると、歩行車を押す地元のおばあさんと猫が仲良く一列に並んで通り過ぎた。玄関前の駐車場脇にずらりと並ぶ、まるで森の精のような杉の木の人形も愛嬌があって顔が緩む。なんともノンキな宿らしい、のどかな景色ではないか。

今の四萬館の顔は、宿泊者なら無料で利用できる6つの貸切露天風呂。予約制だと時間を気にしてどうにも気が急いてしまうが、ここでは空いていれば内鍵をかけて、1回につき30分程度いつでも自由に入浴できる。「風の谷」「野うさぎの湯」「そよかぜの湯」「おんせんにんぎょの湯」など詩的な名が付き趣も異なるどの風呂も四万川に面し、夏は新緑、秋は紅葉、冬は雪見風呂、

1. 貸切風呂のひとつ「そよかぜの湯」。大きな樽の湯船にアーチ型の窓の和洋折衷。電球のぽつりと小さな灯りも情緒的。 **2.** 女性用の大浴場「亀の湯」。今は女性専用だが、四萬館でもっとも古くからあるお風呂で、井伏鱒二と太宰治の入浴写真が撮られたのはこちら。亀の置物は当主祖父と交流のあった田中角栄氏から贈られたもの。 **3.** 6月中旬〜9月下旬まで利用できる「河童の足湯」。 **4.** 貸切露天風呂「河鹿の湯」。今は少なくなったが、昔は河鹿の声がよく聞こえたそうだ。

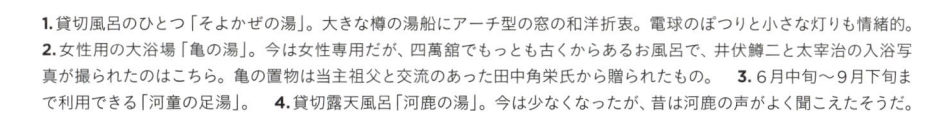

一幅の絵のような四季ごとの風景がすぐ目の前に広がる。それから運がよければ対岸に遊びにやって来るカモシカにも会えるかもしれない。この贅沢な貸切露天風呂、50年ほど前からあったそうだが、当時はまだ珍しく、大浴場を好む人の方が多かったらしい。それを十数年前からステンドグラスで飾ったり、壁や床や浴槽や照明を新たに改装すると、全てをハシゴしたり、貸切露天風呂を楽しみにやってくる客がぐっと増えた。利用時期が限られるところもあるが、大浴場は「喜寿の湯」と「亀の湯」男女ひとつずつ、混浴の露天風呂「文人の湯」、貸切有料の温泉プール、川沿いの足湯「河童の足湯」と、風呂の種類も豊富。全40室ある客室のうち、十和田石を浴槽内に張った岩風呂など、別館は全て趣向を凝らした露天風呂付き。本館にもいくつか、半露天風呂付き客室がある。四万の温泉街でもっとも人が集まるのは「積善館」のある新湯地区で、四萬館からは歩いて20〜30分かかるため、リピート客は特に、一日中宿にこもって温泉に入ったり、部屋でごろんと過ごす人が多い。ロビーの奥には喫茶スペースを兼ねたライブラリーがあって、宿ゆかりの文人の作品も手に取れる。川の水音だけが聞こえる部屋で読書三昧も一興だ。

5. 奥に見えるのが全室に源泉掛け流しの露天風呂が付いた別館。手前の中庭は散歩もできる。
6. 館内の喫茶コーナーや廊下には、意匠の異なるステンドグラスが。当主がこんな風にとデザインしたものを地元の建具屋さんが形にしているそう。
7. フランスから直輸入した四万温泉限定のロゼワイン。和食に合い、食事中に味わえる。1本2,500円でお土産としても販売。 **8.** 左は、四萬館の中庭で過ごす31歳の太宰治。右が、「亀の湯」に浸かる井伏鱒二と太宰治。どちらも昭和15年4月に撮影された写真。湯元 四萬館／群馬県吾妻郡中之条町四万3838／☎0279-64-2001

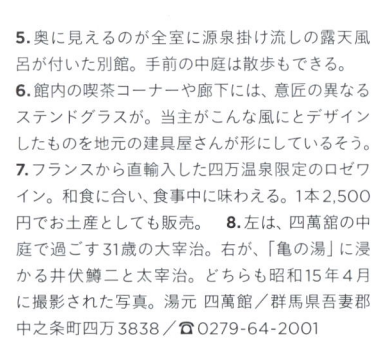

草《くさ》津《つ》温《おん》泉《せん》の旅

KUSATSU ONSEN

GUNMA, JAPAN

温泉街を楽しむ

草津温泉

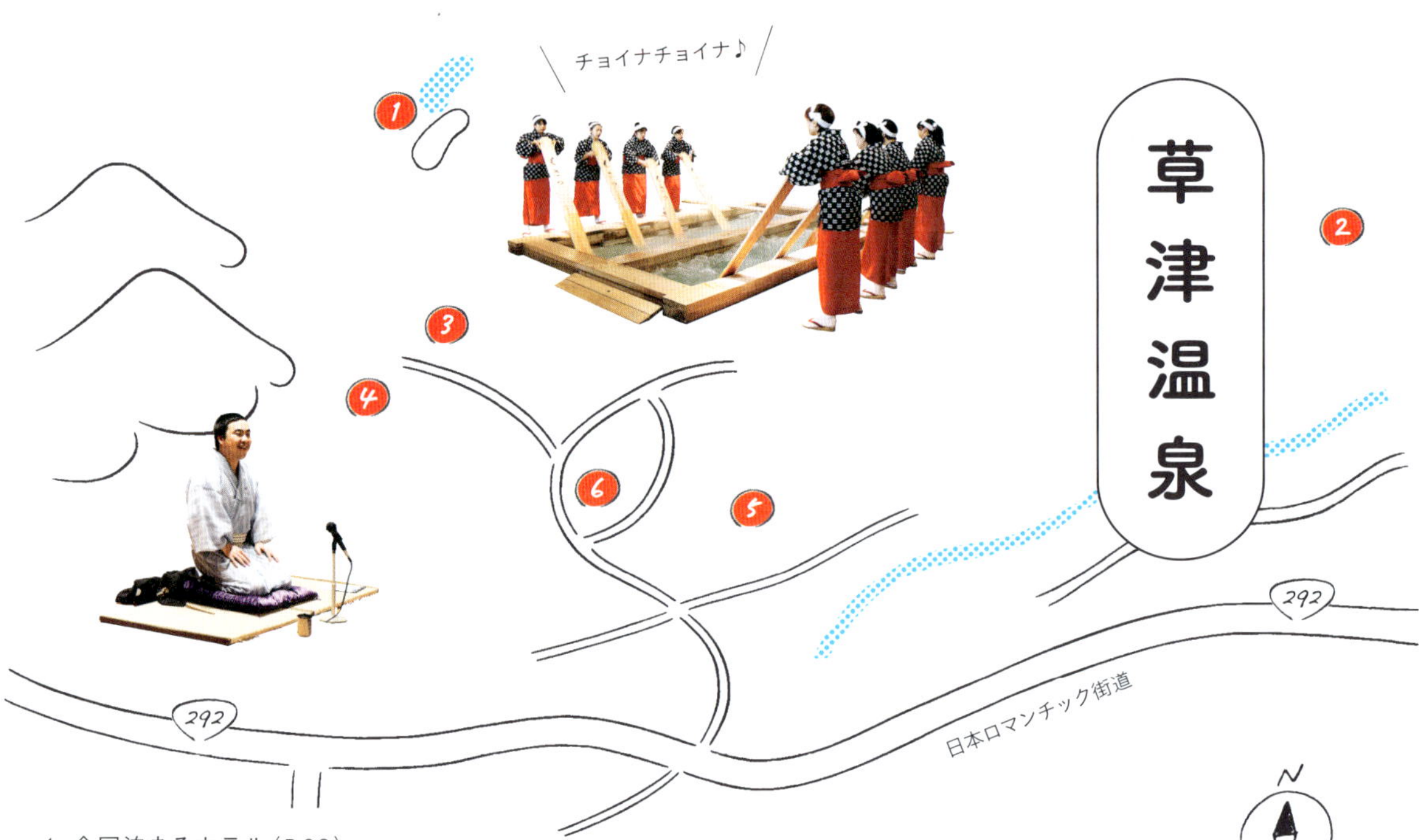

今回泊まるホテル（P.96）

1 草津ナウリゾートホテル

群馬県吾妻郡草津町草津750／☎0279-88-5111

〈東京から草津温泉へ〉

●高速バス利用の場合
JR東京駅八重洲南口よりJRバス「上州ゆめぐり号」にて「草津温泉バスターミナル」まで約3時間半〜

●自動車利用の場合
関越自動車道「練馬IC」から「渋皮伊香保IC」まで約1時間20分（103km）、さらに国道353号、145号、292号経由で草津まで約1時間20分（60KM）

もうひとつの別のホテル（P.102）

2 中沢ヴィレッジ

湯畑からは車で5分、徒歩15分ほど。草津ナウリゾートホテルからも車で5分。部屋は趣異なる6タイプ。ベルツの森と呼ばれる自然の中で、様々な遊びを体験できる。

温泉街で落語観賞（P.101）

6 草津温泉 熱乃湯

湯畑前にあり、毎日6回、朝から夕方にかけて、客も参加できる「湯もみと踊りショー」を開催。「草津 温泉らくご」の会場もこちら。2階には有名漫画家の直筆パネルを展示。

5 湯畑草菴

⬇ 草津ナウリゾートホテルの姉妹館で、湯畑の目の前にある素泊まりの宿。明治から残る建物を改修している。1階の足湯カフェでは、野菜と平麺を煮込んだ群馬の郷土料理「おっきりこみうどん」（1,000円）を味わえる。群馬県吾妻郡草津町大字草津118-1／10:00～21:30／無休／☎0279-89-1011

3 松むら饅頭

⬆ 創業は戦後まもない昭和21年。黒糖を練り込んだふわふわの皮に、自家製の粒餡を入れた温泉まんじゅう一筋。ほくほくの作りたてを1個から購入できるので、食べ歩きする人も。⬋ 12個入り1,040円。1個85円。群馬県吾妻郡草津町草津389／7:00～17:00（売り切れ次第閉店）／火曜休（水曜不定休）／☎0279-88-2042

KANKOH MAP

KUSATSU ONSEN

4 草津ガラス蔵

⬆ 店の入口で味わえる温泉たまごは1個120円。➡ 80度の湯で12分卵を加熱し、さらに50度の源泉に2時間以上浸せば温泉成分が濃厚に。群馬県吾妻郡草津町草津483-1／9:00～18:00（季節により変動あり）／無休／☎0279-88-0030

⬆ 草津ナウリゾートホテル売店で「笹乃屋」製の「草津もち」を。➡「草津温泉たまごボーロ」は、「湯畑草庵」併設の土産店「中吉堂本舗」で。

「草津よいとこ 一度はおいで アドッコイショ お湯の中にも コーリャ 花が咲くヨ チョイナ チョイナ」の『草津節』で知られる群馬県・草津温泉。江戸時代の温泉番付では当時の最高位・東大関に格付けされた名湯で、兵庫の有馬温泉、岐阜の下呂温泉に並ぶ、日本三大名湯に数えられる。日本武尊、源頼朝、行基、蓮如など、複数の開湯伝説があるのも面白い。戦国時代は武田信玄が草津を治めたことから、当時の領主・湯本氏は武田家配下の真田氏に仕え、湯守を務めた。明治になるとドイツ人のベルツ博士が草津を訪れ「草津は高原の保養地として最も適地である。草津には優れた温泉のほか、日本でも最上の山と空気と全く理想的な飲料水がある。こんな土地もしがヨーロッパにあったらどんなににぎわうだろう」と讃えながら紹介し、世界に知られることとなった。

天下の名湯で湯もみに落語に

草津温泉といえば、揃いの衣装の湯もみ娘が、歌に合わせて左右にひらひら板を動かし湯をかき混ぜる湯もみショーが有名だ。これが始まったのは昭和35年。客も飛び入り体験できる出し物は話題を集め、高度成長期にはどっと人が押し寄せた。

湯もみの歴史は江戸時代から。草津の湯は約50～90度と高温で、そのままでは入浴できない。しかし温度を下げるため水を入れると温泉の効能が薄れるので、源泉に六尺板を入れて湯をもみ、一定の温度を保った。他にも湯を柔らかくしたり、入浴前の準備運動の意味合いもあるという。

湯もみに並ぶ草津のシンボルが、温泉街の中心に湧く源泉「湯畑」という名の源泉。湧き出る高温の湯を7本の湯桶に通して冷まし、湯滝から共同浴場や宿に配湯する。桶の下に溜まる白い湯の花は入浴剤として採取され、草津みやげに店先に並ぶ。

湯畑をぐるりと一周できる瓢箪型の遊歩道を設計したのは、芸術家の岡本太郎。昭和50年に湯治とスキーを兼ねて草津を訪れ、偶然親しくなった町の関係者からの依頼だった。歩道の足元を飾る瓦は躍動的な模様をなし、離れて眺めれば風情たっぷり。どうりで絵になる風景だ。

1. 源頼朝が発見したと伝わる、草津最古で最大の共同湯「白旗の湯」。入浴は無料。写真左の石段の先は開湯伝説が残る「光泉寺」。 **2.** 湯畑に並ぶ湯桶は熱湯を冷ます役割を果たす。 **3.** 地酒「草津節」の宣伝看板。 **4.** 夕暮れどきからライトアップされる湯畑。空に向かって立ち上る湯気が闇に浮かぶ。遊歩道に敷き詰められた瓦も岡本太郎のデザイン。

スキーに、テニスに、温泉に
標高1200mのマウンテンリゾート

5. 5面あるテニスコート。 6. かつてリスの森と呼ばれた場所にあるホテル。館内各所にリスの置物が。 7.「草津ビッグバス」と名付けられた露天風呂付き大浴場。

明治10年創業の旅館「奈良屋」が、「草津国際スキー場」近くでホテルを始めたのは昭和49年。旅館人気が低迷する当時、危機を覚えた奈良屋の先代・先先代はヨーロッパやアメリカへ視察に渡り、多様化したサービスやレジャーを知ることに。団体や家族連れが1泊2日を同じように過ごす日本の旅館に対して、海外のリゾートホテルは、周囲の自然や観光地に加え、様々な施設が充実したホテル内で、大人がゆったり伸びやかだった。

そこで草津に戻ってから、ベルツの森と呼ばれる草津高原の国有林に囲まれた一万坪余りの土地を入手。標高1200メートルの高地に似合う西欧風の赤い屋根の宿を建て、日本で初めてホテル名に〝リゾート〟と付けた「草津ナウリゾートホテル」を開業。冬はスキー、春と秋はテニスやゴルフ、夏はプールや避暑。団体客や家族連れも喜んで受け入れながら、何より大人が楽しめるようにと努めた。昭和の最後に社会現象を起こしたドラマ『金曜日の妻たちへ』のロケ地に選ばれたのも、当時の輝きを物語る。

最近は〝女子旅〟と銘打つ女性同士のグループ客がぐっと増えているそうだ。気が置けない数人と、温泉街ではかしましく、ホテルではしとやかに。私も休みができればこのホテルへ、女友達を誘いたくなるこの頃だ。

8. エントランスのシンボルは丸太を積み上げたデザインの暖炉。ホテルのマスコット“ナウリス君”が見守る。
9. 玄関にはその日の宿泊者の母国の国旗が掲げられる。

GUNMA, JAPAN

10. お茶や軽食もできるメインラウンジ。　**11.** 室内プール。宿泊者は大人1,000円で利用できる。**12.** 5室ある貸切露天風呂。浴槽は檜浴槽や信楽焼き。6〜8畳の座敷付きで風呂上がりもゆったり。宿泊者は1部屋45分3,200円〜。　**13.** 創業時から残る螺旋階段。

「恋の病以外はなんでも治す」と言われる草津の湯。そのほとんどが長湯すると体がピリピリする強酸性質。町には無料の共同浴場が19か所あるけれど、慣れないと湯あたりするので湯巡りには適さず、「時間湯」という独特の入浴法が伝わるほどだ。

しかしながら温泉街の賑わいは、さすが東の大関。湯畑周辺は朝から夜まで人出が途切れぬ。昔は団体客が多く夜は宿で宴会が常。それが近頃、静かだった夜の街を楽しむ個人客が増え、遅くまで開ける店も増えた。

ホテルと温泉街を結ぶシャトルバスの便もよく、1日目は夕食後の夜、2日目は朝食後、温泉街へと繰り出し遊興を満喫。

だからこそ1日目の昼は、ホテルでゆっくり。座敷付き貸切露天風呂で寛いだり、絵画を飾る館内や、緑が囲む庭を散歩したり。温泉街から少し離れたホテルは、遊ぶことと休息と、どちらも欲ばれるのがありがたい。

14. 左3つは売店でお土産に。オリジナル清酒「大盃」300 ml 600円。オリジナル「焼酎」720 ml 1,600円。ホテルのマスコット「ナウリス君ぬいぐるみ」1,000円。右2つは部屋に設置された館内用ビニール袋とコースター。

17. 温泉街とホテルをつなぐシャトルバス乗り場。ホテル→草津バスターミナル→湯畑草菴（湯畑前）→ホテルと巡る。本数が多くホテルに夜まで発着するので温泉街巡りも安心。

15. ビュッフェで人気の「まるごとキャベツ」はキャベツの産地・嬬恋の高原キャベツを1個使った漬物。売店でも1,000円で販売。
16. 夜と朝のビュッフェ会場・メインダイニング「樹林ガーデン」。

草津ナウリゾートホテル

群馬県吾妻郡草津町草津750
☎0279-88-5111
平日一人6,500円〜（1室2名利用の場合、1泊2食付、消費税・入湯税別途要）
IN 15:00〜19:00　OUT 11:00
【送迎】東京駅丸ビル前乗り場よりホテルまで直通バスあり（片道1席500円）、所要時間3時間半、バスチケット付きプラン予約のこと。☎0279-88-5115

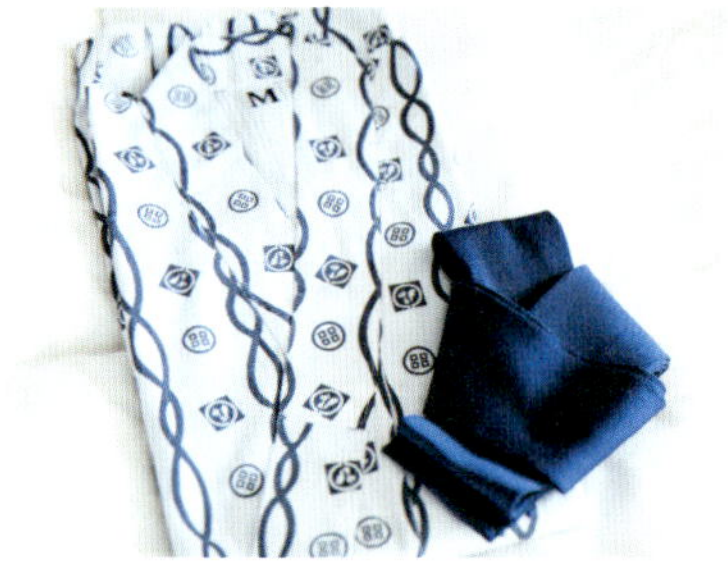

18. 親宿となる旅館「奈良屋」の四つ目の家紋と、ナウリス君がデザインされた浴衣。ちなみに奈良屋の内湯はかつて徳川八代将軍・吉宗が江戸城まで運ばせたことで「御汲み上げの湯」と呼ばれる名湯。

⬆「草津温泉 熱乃湯」は2階まで吹き抜けに。湯場を囲む1・2階の柵越しに湯もみショーを鑑賞する。
⬅ 大正時代に流行した優美な建物を思わせる熱乃湯。2階のバルコニーから見下ろす湯畑の眺めも壮観。
↙ 2階から見下ろす「草津 温泉らくご」。この日の出演は春風亭昇太さんの5番弟子・春風亭昇吾さん。

温泉街で落語鑑賞〜〈草津温泉 熱乃湯へ〉

湯畑前の「熱乃湯」では、毎日朝から夕まで鑑賞中心の「湯もみと踊りショー」を、土日祝日には参加型の「湯もみ体験」が行われる、草津らしい名所。夜は毎日、草津ナウリゾートの主催で「温泉らくご」を開演。

特別な日以外は主に落語芸術協会に所属する二つ目の落語家が、日替わりで45分の公演を行う。舞台は湯場の奥にあり、2階まである吹き抜けの建物は客との距離が遠い。普段と違う環境は落語家の修行にもなるそうだ。

群馬県吾妻郡草津町草津414
湯もみショーは1日6回公演、観覧大人600円、小学生300円。☎0279-88-3613
草津温泉らくごは毎夜20:00開演、大人1,000円、子ども500円。予約☎0279-88-5118

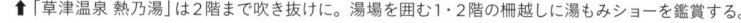

HOTEL COLUMN

No.6

中沢ヴィレッジ

Nakazawa Village

「歩み入る者にやすらぎを 去り行く人にしあわせを」は草津の町民憲章で、元はドイツ・ローデンブルグの城門に刻まれているラテン語を日本画家の大家・東山魁夷が翻訳し、創業間もない「中沢ヴィレッジ」の社長に贈った言葉。草津で安らぎや幸せをもたらす一番は温泉への〝入浴〟だが、日本で初めて〝森林浴〟の研究調査がおこなわれたと言われているのもここ草津。中沢ヴィレッジの裏手に広がる森だ。樹木が発する化学物質で殺菌力のある揮発性物質・フィトンチッドと、マイナスイオンに満ちた森では、免疫力が高まり新陳代謝が促される。木々の間を歩けば、疲れやストレスが体中から抜けていくのが分かるだろう。

中沢ヴィレッジの創業は昭和42年。江戸時代創業の旅館「大阪屋」の十四代目が、海外のホテルに滞在したとき、老若男女がリゾートライフを満喫する光景に感銘を受けたという。草津には歴史のある温泉街があるけれど、大自然の中で人々が寛ぎ楽しめる、ひとつの村のような大型リゾートホテルを築こうと奮い立ったそうだ。

白樺やカラマツが美しいベルツの森と呼ばれる国有林に囲まれた約10万坪の敷地には、5名まで宿泊できるメゾネットタイプの和洋室やログコテージに加え、ドイツ風の温泉施設に日本古来の湯治施設やプールを加味したスパやボウリング場、ゴルフ場、テニスコート、釣り堀、野外迷路、森林浴の散歩コースと、娯楽施設が存分に。散歩中、木々の上から人の声が聞こえたので天を仰ぐと、フランス山岳救助チームのトレーニングから生まれたアスレチックを親子で楽しむ姿があった。1泊2日では時間が足りず、家族や仲間同士のリピーターが多いのも頷ける。

館内で唯一の著名人の色紙・宮崎駿監督のサインも探して欲しい。映画『千と千尋の神隠し』では、風呂場や調理場で録音した音が使われていると知り、映画を観直し効果音に耳をそばだてた。

1. パターゴルフコースよりホテル本館にあたる「ホテルヴィレッジ」を臨む。緑の中、ヨーロッパの高原ホテルがモチーフの赤い屋根が映える。 **2.** 鳥の目線で森の木々を渡る空中トレッキング「草津フォレストスレージ」。 **3.** 中沢ヴィレッジの「早朝の森林浴散歩」は15年、毎朝続く名物イベント。出発は午前7時。散歩後に味わう朝食は格別。 **4.** 中庭に面し、夕・朝のバイキング会場となる「ガーデンカフェ パティオ」前には、舞台セットのような階段が。群馬県吾妻郡草津町草津618／☎0279-88-3232

観光ホテルの思い出③

東京から車で約40分の「龍宮城スパホテル三日月」。龍宮亭、富士見亭、スパ棟、お祭りランドからなる海辺のリゾートへ

屋内プールは所々に置物が

大仏が見守る屋外プール

木更津駅前でお弁当を

部屋からの眺望

こざっぱりな龍宮亭の客室

「お祭りランド」の入口

「活き活き亭」へ立ち寄り

夜と朝の食事会場

東京湾越しに見えた富士山

勝浦、鴨川、木更津、鬼怒川に所在する「ホテル三日月」。起源の旅館は大正時代の創業で、それ以前は乗合馬車業。「ゆったりたっぷりのーんびり」と歌うCMや、メディアに多く取り上げられてきた18金の黄金風呂で知られる観光ホテル。千葉が実家の友人から、帰省すると家族と日帰りで出かけ、温泉や食事でゆるりと過ごすと聞き、いつか自分もと思い続けた宿へ。

木更津駅経由で昼には「龍宮城スパホテル三日月」に到着。入室時間まではプールや温泉やお祭りランドで過ごし、その後は始終ムームー風の館内着。館内のところどころに点在する謎めいた数々の置物。とにかく広く種類が多い展望大浴場。東京湾越しに黄昏どきの富士山を眺めながら食べた夕食。展望大浴場の外湯から見た漆黒の空に浮かぶ三日月と、東京湾アクアラインや海ほたるの夜景。詩情ある景勝と、ゆるりと奇抜な演出が混在するのが、大型観光ホテルの醍醐味だが、どちらも存分に味わった。

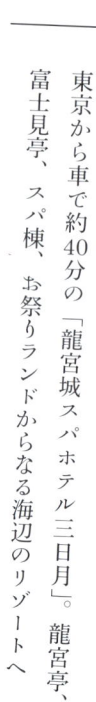

日本全国 わたしのホテル

\ BEST /

100

MY BEST HOTELS 100

これまで、日本中の様々なホテルや旅館に泊まってきた。クラシックホテル、観光ホテル、老舗旅館。手頃な値段のシティホテルやビジネスホテル、湯治宿も。守られる歴史や、そこから幾つもの物語が生まれる、味わいのある宿。その中から100選び、個人で旅して撮った写真を添えて、成り立ちや個性や思い出を紹介します。

※ 浴室などは取材時などに全て許可を得て撮影したものです。
通常、お風呂の撮影禁止となりますのでご注意ください。

1. 札幌グランドホテル
2. 盛岡北ホテル
3. 花巻温泉郷 鉛温泉 藤三旅館
4. 鳴子ホテル
5. 最上屋旅館
6. 三浦屋旅館
7. 法師温泉 長寿館
8. 日光金谷ホテル
9. 板室温泉 大黒屋
10. 山の上ホテル
11. 帝国ホテル 東京
12. 東京ステーションホテル
13. グランドプリンスホテル新高輪
14. 京王プラザホテル
15. ホテルオークラ東京
16. 学士会館
17. 旅館西郊
18. 小田急 山のホテル
19. ザ・プリンス箱根芦ノ湖
20. ホテルニューグランド
21. 富士屋ホテル 離れのやど 星ヶ山
22. 佐渡グランドホテル
23. 富士屋ホテル
24. 河口湖アネックス 富士ビューホテル 富士レークホテル
25. ホトリニテ
26. THE SAIHOKUKAN HOTEL
27. 佐渡グランドホテル
28. 赤倉観光ホテル
29. 万平ホテル
30. 桝一客殿
31. 湯之島館
32. 東府や Resort & Spa-Izu
33. 川奈ホテル
34. ケイズハウス伊東温泉
35. 竜宮閣
36. 日本平ホテル
37. 休暇村富士
38. 富士ミルクランド 富士朝霧高原ロッジ
39. みしまプラザホテル
40. 御前崎グランドホテル
41. グランドホテル浜松
42. 名古屋観光ホテル
43. 蒲郡クラシックホテル
44. 星出館
45. 鳥羽国際ホテル
46. 旅館 鯛屋
47. 金沢ニューグランドホテル
48. 金沢白鳥路ホテル山楽
49. prinz－プリンツ－ APARTOTEL
50. 旅館 田舎亭
51. 柊家
52. 晴鴨楼
53. 料理旅館 白梅
54. THE SCREEN
55. Mume
56. 長楽館
57. ホテル アンテルーム 京都
58. Len 京都河原町
59. ウェスティン 都ホテル京都
60. 京都ブライトンホテル
61. HOTEL HOLIDAY HOME
62. リーガロイヤルホテル（大阪）
63. スパワールド 世界の大温泉
64. 大阪新阪急ホテル
65. 箕面観光ホテル
66. 千里阪急ホテル
67. 宝塚ホテル
68. 六甲山ホテル
69. 陶泉 御所坊
70. ホテル花小宿
71. 有馬山叢 御所別墅
72. 舞子ホテル
73. 神戸北野ホテル
74. ホテルモントレ神戸
75. 西村屋本館
76. 三木屋
77. オーベルジュ豊岡1925
78. 奈良ホテル
79. 料理旅館 江戸三
80. 秋篠の森Hotel ノワ・ラスール
81. ホテルフジタ奈良
82. 奈良町宿 紀寺の家
83. あすか癒俚の里 森羅塾
84. 南紀白浜温泉 ホテル川久
85. 白浜 古賀の井 リゾート＆スパ
86. ホテルシーモア
87. 佳翠苑 皆美
88. 倉敷国際ホテル
89. 広島グランド インテリジェントホテル
90. ホテルフレックス
91. プレミアホテル門司港
92. 鹿児島サンロイヤルホテル
93. 雲仙観光ホテル
94. 亀の井別荘
95. 杉乃井ホテル
96. B・B・C長湯
97. 鉄輪 柳屋
98. 御客屋
99. 沖縄第一ホテル
100. ホテルムーンビーチ

1 札幌グランドホテル

北海道初の本格的ホテル。札幌での冬季オリンピック開催を見越した秩父宮殿下の提唱で昭和9年創業。タイル造りの現本館は昭和41年築。北の迎賓館と称されるもビジネス使いできる料金。●北海道札幌市中央区北1条西4

2 盛岡北ホテル

ホテル名はマルセル・カルネ監督「北ホテル」に由来。素泊まり1泊1名5000円代〜とビジネスホテル的ながら、簡素な室内はパリの下町のホテルを思わせる。「Hotel du Nord」とフランス語をあしらった浴衣もしゃれている。創業者は彫刻家で仲間の芸術家や演劇人に愛された。1階には宮沢賢治が名付けた民芸品店「光原社」の支店も。●岩手県盛岡市内丸17-45

マッチ箱にもフランス語

3 花巻温泉郷 鉛温泉 藤三旅館

奥羽山脈の中腹に位置する花巻南温泉峡「鉛温泉」唯一の一軒宿。始まりは600年ほど前。キコリをしていた先祖が木の根元から噴出する泉で傷を癒す白猿を見て温泉を発見し、主には家族で入浴していた。江戸時代になり大衆浴場とすべく温泉旅館を開業。現在宿は、昭和16年築で総欅造り3階建の本館を備えた旅館部と、長期滞在向きで1泊1名3000円代の湯治部の2タイプ。共同炊事場で自炊できる湯治部には食料品・日用雑貨からみやげまでを扱う売店があり、〝看板おばあさん〟との会話も弾む。宿や温泉は多くの文人に愛され、田宮虎彦は逗留して小説『銀心中』を執筆。創業家の遠戚にあたる宮沢賢治もたびたび訪れ、童話『なめとこ山の熊』にも〝鉛の湯〟と登場する。館内にある4つの温泉のうち「白猿の湯」は、日本一深い自噴天然岩風呂で立って入る。天然の岩をくり抜いて作った湯船の深さは約1・25m。底から源泉そのままのお湯がこんこんと沸き出し、全身をまんべんなく温める。階段を下る構造もおもしろい。●岩手県花巻市鉛字中平75-1

「白猿の湯」は混浴だが女性専用時間もある。3階の高い吹き抜けを見上げながら湯船につかる

4 鳴子ホテル

奥州三名湯のひとつで、こけしの産地として名を馳せる鳴子温泉郷にて、明治6年に創業。昭和30年から変わらぬこけし柄の浴衣は童心の画家・谷内六郎デザイン。館内のところどころを飾る2000体以上のこけしコレクションも美術館さながらで、全国からこけし好きが訪れる。温泉の源泉は自噴泉で3本あり、24時間湯守が手間を惜しまず管理する。外気や湿度により刻々と色が変化する湯は美肌の湯として知られる。みちのく料理たっぷりのバイキングと地酒も宿の誇り。●宮城県大崎市鳴子温泉字湯元36

浴衣姿で温泉街を

5 最上屋旅館

北前船で栄えた酒田の中心街で大正時代から続く旅館。旧館の木造の建物も大正末期の築。玄関や旧館客室の天井に屋久杉が使われているのは、元は材木商の家系ならでは。多少の不便も古き旅籠の趣。●山形県酒田市中町2-2-16

左／浴室・トイレ・洗面所は共同　右／客室は全て2・3階

6 三浦屋旅館

こけしの産地・肘折温泉街にあり、湯治宿の風情を色濃く残す木造旅館。素泊まりならば1泊1人3500円くらいで自炊もできる。源泉掛け流しの温泉は24時間入浴可能。4～11月までは館前に朝市が立つ。●山形県最上郡大蔵村大字南山490

左／外壁にはこけしの看板が　右／浴場は男女別の内湯と家族風呂

7 法師温泉 長寿館

創業は明治8年。三国峠にしんみり佇む一軒宿は、秘湯という言葉がよく似合う。与謝野晶子・直木三十五・川端康成・若山牧水ら多くの文人墨客にも愛された。玄関入ってすぐの囲炉裏を囲んで客同士が集い語らう昔ながらの暖かな雰囲気。宿泊棟は、本館・別館の他に2棟あり、私はかつて気の置けない女友だち4人で、高台の木立の中に建つ法隆殿に宿泊した。なんと言っても有名なのは、国の登録有形文化財に指定される混浴風呂で、弘法大師の発見と伝わる「法師乃湯」。国鉄時代に上原謙と高峰三枝子によるフルムーンのポスターの舞台となり、一躍旅好き憧れの温泉となった。鹿鳴館風のアーチ型の窓が飾る、苔生す屋根の木造建築は、100年以上も前に作られている。元は川底から湧き出していた温泉を湯船にして丸太で仕切り、丸太を枕に寛ぐ人も。夜は行灯風の灯りが照らし、昼とは違った表情を醸し出す。基本は混浴だけれど、午後の数時間は女性専用になるのもありがたい。●群馬県利根郡みなかみ町永井650

左／1世紀の歴史ある法師乃湯　右／宿は「日本秘湯を守る会」会員

8 日光金谷ホテル

2004年に「乙女の部屋」という期間限定の宿泊プランを監修させてもらって以来、もっとも足を運んでいるクラシックホテル。

創業者・金谷善一郎が、ヘボン式ローマ字綴りの発案者・ヘボン博士の知遇を得て、自宅の一部を改装し、外国人用の民宿を開いたのが明治6年。日光東照宮があり、夏は涼しいその地は、外国人の避暑地として慕われるように。その後、明治26年に現在の場所で正式にホテルとして開業。フランク・ロイド・ライト設計の、旧帝国ホテルライト館を模した回転扉と、現役で手紙を預かる赤い丸ポストが象徴的な本館。風格のある千鳥破風の屋根と唐破風の車寄せ付き玄関で、昭和天皇やヘレン・ケラーも宿泊した別館。明治期築の新館や昭和30年に建てられた第二新館と、敷地内には少しずつ趣の異なる建物が。創業者は日光東照宮に勤めていたこともあり、本館には特に、東照宮を思わせる摩訶不思議で絢爛豪華な彫刻や装飾がそこかしこに。まるで宿泊できる博物館さながら。昔は正面玄関だった本館2階・メインダイニングのバルコニー席で、窓から注ぐ光を浴びて過ごす朝食のひとときは至福。●栃木県日光市上鉢石町1300

左／本館　右／メインダイニング

9 板室温泉 大黒屋

室町時代から続く歴史ある温泉宿。16代目から「保養とアート」をコンセプトに、「現代アートのある旅館」として知られるように。源泉掛け流しの温泉に、全室南向きで陽光が差す部屋。胡豆昆（ごずこん＊ごま・まめ・こんぶ）を取り入れた滋味たっぷりの料理。体をゆったり休めながら、菅木志雄はじめ敷地内に点在する現代美術作品を通して、五感で感じるときを過ごせる。●栃木県那須塩原市板室856

庭には庭園喫茶も

10 山の上ホテル

昭和12年、W・M・ヴォーリズの設計で、西洋文化を学ぶための施設「佐藤新興生活館」が建てられた。「ヒルトップ」という愛称で親しまれたアール・デコの美しい建物がホテルに生まれ変わったのは昭和29年。川端康成、三島由紀夫、池波正太郎など数々の作家の常宿で、第二の書斎として筆をとったことでも知られる。東京都在住の私も誕生日などの記念日に最上階の「モーツァルトの部屋」に宿泊したり、特別な日には1階の「バーノンノン」を訪れる。●東京都千代田区神田駿河台1-1

喫茶もできる本館ロビー

11 帝国ホテル 東京

明治28年「日本の迎賓館」として開業。ランドリーサービス、ウエディングサービス、「バイキング」スタイルの食事、「アーケード」と呼ばれるショッピング街など、国内初の施設やサービスも多く、日本のホテル最前を歩む。私が宿泊したのは10年以上前で、全客室に南桂子の銅版画が飾られていたが、今はどうだろう。●東京都千代田区内幸町1-1-1

1階のランデブーラウンジ

12 東京ステーションホテル

東京駅開業の翌年、大正4年に開業。辰野金吾が手がけた煉瓦造りの東京駅丸の内駅舎とともに歴史を歩み、戦時中に失われた壮麗な姿も平成24年に復原。江戸川乱歩『怪人二十面相』はじめ、内田百閒、川端康成、松本清張、数々の作家の作品や映画の舞台にもなった。部屋の窓から駅の改札を見下ろせるドームサイドの部屋はとりわけ人気が高い。竹中直人監督『東京日和』では、リニューアル前のホテルの様子が映し出される。日本で初めて店舗名にコーヒーショップと使用したのもこちら。●東京都千代田区丸の内1-9-1

左／ドームサイドの部屋から改札を見下ろす　右／エントランス

13 グランドプリンスホテル新高輪

昭和を代表する建築家・村野藤吾の設計で、昭和57年に開業。部屋数900以上の大型ホテル。全客室に華麗なレリーフの白いバルコニーがあり、天蓋付きベッドやエスプレッソマシーンを備えた女性専用の「プレシャスルーム」には女友だちや母娘で、記念日や休日に宿泊しても。泊まる目的以外でも、品川駅から近い立地は社交の場としてもおすすめ。昭和の時代の少女漫画に登場しそうな白く清楚なテーブル席の「カフェ・エーデルワイス」ではお茶や軽食を楽しんだり。5mもの天井に雲のように浮かぶ黄金色の照明が圧巻で、家具や壁紙にいたるまで随所に見所のある「メインバーあさま」では、落ち着いた夜のひとときを。●東京都港区高輪3-13-1

1階ロビーの奥には、村野藤吾が91歳で手がけた「メインバーあさま」が

14 京王プラザホテル

日本初の超高層ホテルとして昭和46年に誕生。レンガ造りのメインバー「ブリアン」は日本を代表するプロダクトデザイナー・渡辺力がインテリアを手がけた。●東京都新宿区西新宿2-2-1

ロビーのシャンデリア

15 ホテルオークラ東京

昭和37年、帝国ホテルの創業者・大倉喜八郎の息子、大倉喜七郎が創業。世界のセレブにも愛される日本の誇り。谷口吉郎が手がけ、日本の伝統美をちりばめたロビーで知られる本館は現在建て替え中で、2019年にリニューアルオープン予定。●東京都港区虎ノ門2-10-4

名物のフレンチトースト

16

学士会館

東京大学発祥の地に建ち、東大や京大など旧七帝国大学卒業生の会「学士会」会員と家族のプライベート施設として昭和3年に完成。外壁をたスクラッチタイルが覆う旧館の設計は帝国ホテル新館や上高地帝国ホテルなど手がけた高橋貞太郎。建築時の姿を色濃く残すこぢんまりしたシングルルームは、受験生もよく利用するらしい。本の街・神保町の中にあるから、古本屋巡りを兼ねて宿泊を。館内にはカフェばーやレストランも。●東京都千代田区神田錦町3-28

開館当時の趣のメインバンケットルーム

17

旅館西郊

隣接するアパートメント「西郊ロッヂング」とともに国の登録有形文化財に指定される。昭和初期に建てられた西洋建築の下宿を戦後に洋室から和室に改装して営業を開始。木々が萌える中庭を取り囲むように昔ながらの客室が。廊下・照明・座卓・布団、全てが昭和の遺産のような趣。1泊1名6000円~。●東京都杉並区荻窪3-38-9

トイレ・風呂は共同

18

小田急 山のホテル

三菱の創始者・岩崎彌太郎の甥、岩崎小彌太の芦ノ湖畔の別邸跡に建つ。創業は昭和23年。赤い屋根の建物はスイスの山小屋をイメージ。昭和30年代はロマンスカーに乗りハネムーンにやってくる新婚カップルが多かった。庭には3000株ものツツジが植えられ、5月には美しい花を咲かせる。●神奈川県足柄下郡箱根町元箱根80

19

ザ・プリンス 箱根芦ノ湖

芦ノ湖畔に建つホテル。モダニズム建築の巨匠・村野藤吾の設計で、昭和53年に開業。高い天井に赤い絨毯のロビーや階段、どこを切り取っても絵になる。円形の宿泊棟は全室バルコニー付きで、芦ノ湖と富士山を望む。敷地内にはショッピングモール、水族館、遊覧船発着所、自家温泉も。●神奈川県足柄下郡箱根町元箱根144

左／見惚れる曲線の階段　中／環境に合わせて低層に設計　右／村野氏デザインのスワンチェア

20

ホテル ニューグランド

関東大震災で倒壊した明治6年創業の外国人向けホテル「グランドホテル」跡地に建てられたのが、昭和2年創業の「ホテルニューグランド」。震災の瓦礫で埋めたてた山下公園前に、雄麗な姿で建つルネサンス様式の本館建物を設計したのは、戦後GHQの本部が置かれた第一生命ビルを手がけた渡辺仁。終戦直後に来日したマッカーサーが、執務室として滞在した本館315号室や、『鞍馬天狗』の作者で愛猫家としても知られる作家・大佛次郎が10年間借りて仕事場にしていた本館318号室にも宿泊できる。本館正面玄関の回転扉の先にある、階段とロビーの美しさたるや。加賀まりこの主演映画『月曜日のユカ』にも登場するが、50年前と変わらぬ風景が残される。「バーシーガーディアンII」は、石原裕次郎、松田優作、池波正太郎も通った。さらに、日本初のシーフードドリア、スパゲッティーナポリタン、プリンアラモードなどの発祥地でもあり、食通作家・獅子文六にも讃えられた。●神奈川県横浜市中区山下町10

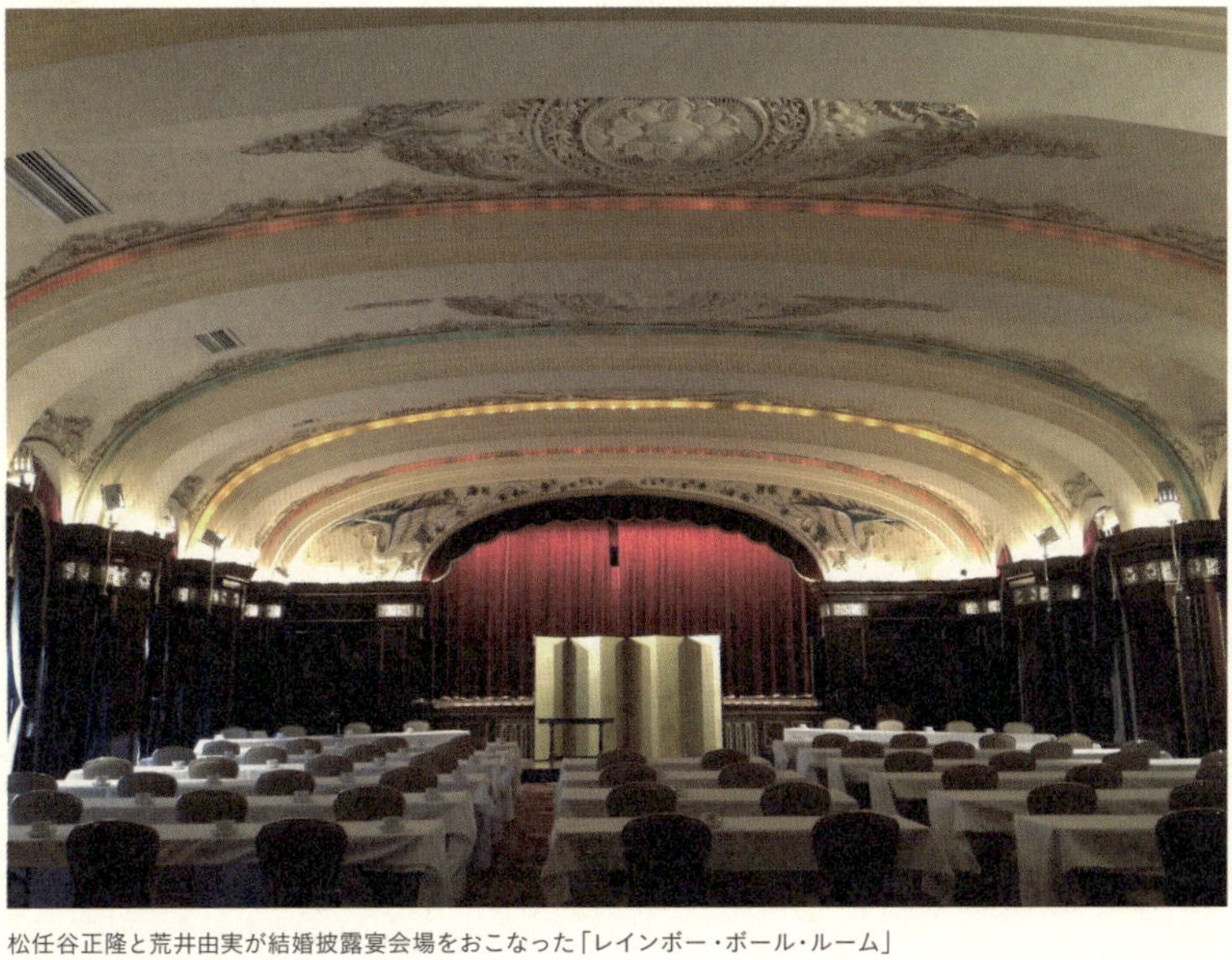

松任谷正隆と荒井由実が結婚披露宴会場をおこなった「レインボー・ボール・ルーム」

21 富士屋ホテル

創業者は福沢諭吉に国際観光の必要性を説かれ、明治11年に外国人向けのホテルを創業。チャップリンやジョン・レノンも訪れた。社寺風の屋根の本館の他、全てが生きた建築博物館のような趣ある別館が。格天井のメインダイニングも圧倒的な美しさ。宿泊者のみの館内案内ツアーも楽しい。●神奈川県足柄下郡箱根町宮ノ下359

「花御殿」は各部屋花の名

22 離れのやど 星ヶ山

自然に囲まれた山の中にログハウスが点在する宿泊施設を作ったのは、みかん農家だったご主人。全棟1棟建て離れなのでプライベートな時間を過ごせる。ロフトやテラスや露天風呂を備えた客室は、アンドロメダなど星の名が。ツリーハウスにお風呂が付いたツリー風呂や岩風呂などお風呂も色々。●神奈川県小田原市根府川592

ムーミンハウス風

23 佐渡グランドホテル

両津港からほど近い加茂湖畔のホテルは、対岸から見ると湖に浮かぶように建つ。昭和41年の創業で、設計したのは江戸東京博物館で知られる菊竹清訓。全室から湖を眺望できる客室の仕切り壁や、階段、ロビーの吹き抜け、ところどころに何気なく配置された家具や照明までも見所。建築的な興味のない方にはただ古風に感じられる建物も、国立西洋美術館を建てたル・コルビュジエにも通づる名建築家の貴重な作品と視点を変えれば何もかもが輝いて見える。●新潟県佐渡市加茂歌代4918-1

左／宙に浮くような特徴的な構造　右／廊下に剣持勇の籐・ラタン

24 富士屋ホテル 河口湖アネックス 富士ビューホテル

富士屋ホテルに経営を委託し、河口湖畔の西洋ホテルとして昭和11年に創業。正面に富士山。裏手には河口湖。3万坪の庭園は四季ごと表情を変える。●山梨県南都留郡富士河口湖町勝山511

創業時、多くの外国人客が訪れた

25 富士レークホテル

その名の通り富士山を望む河口湖畔に建つホテル。日本にはまだ根付いていなかったおもてなしの心「ホスピタリティ」をアメリカで学んだ医師が、生まれ育った土地に理想郷を作りたいと、昭和7年に大正モダニズムの趣ある木造ホテルを創業。当初の客室は7室だけだったけれど、館内には治療室を置き、宿泊客だけでなく、地域のためにも貢献した。それから、すぐ近くの繊維業の町・富士吉田から、稼業で財を成す旦那衆や、モボ・モガと呼ばれる進歩的な若者たちが日夜集い、ホテルまで当時はまだ高級な自家用車でやってくる客も多かったそうだ。夕食で味わえるビーフシチューは創業当時からの伝統の味。朝食は片側に富士山、もう片側に河口湖を望む見晴らしのいい上階のホール。お湯に浸かりながら、富士山や河口湖を眺望できる露天風呂付きの客室はじめ、赤ちゃんからお年寄りまで過ごしやすいよう配慮された客室も、創業者から受け継がれた心遣い。フロント前には円形でクラシカルなラウンジがあり、宿泊者以外でもお茶ができる。●山梨県南都留郡富士河口湖町船津1

富士山の撮影用看板

銅板飾りが品よく配されたフロント。檜風呂と岩風呂の大浴場は、富士山の地下から湧き出る天然温泉

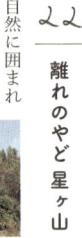

26 ホトリニテ

祖父の代から営む山中湖畔の保養所を、3代目の孫が受け継ぎ、素泊まり専用の宿に。過剰なサービスを排することで、1泊1名3000円代〜と、ぐっと手頃な宿賃に。相部屋と個室がある。●山梨県南都留郡山中湖村山中1464

左／山中湖まで徒歩1分　右／共用の休憩室には本がずらり

27 THE SAIHOKUKAN HOTEL

明治23年、西洋風旅館「犀北館」として創業。善光寺に近いモダンな宿は、皇族、政治家、文人、芸術家の御用達に。「Bar SEIJI」で美しく光るステンドグラスは、東郷青児と中川紀元の共同制作。●長野県長野市県町528-1

28 赤倉観光ホテル

昭和12年、日本政府の外貨獲得政策で、国際リゾートホテルとして建設。創業者は「上高地帝国ホテル」や「川奈ホテル」を作り「ホテル・オークラ東京」の礎を築いた大倉喜七郎。当初の建物は高橋貞太郎が手がけたが焼失。2代目の内装は帝国ホテル建設時にフランク・ロイド・ライトのもとで働いた繁岡ケンイチが担当。日本百名山の一つ・妙高山の中腹で、標高約1000mに所在。眼下に雲海が広がることも。大浴場は赤倉温泉の源泉掛け流し。新館「SPA&SUITE」の各部屋にも露天風呂がある。●新潟県妙高市田切216

高原・スキーリゾートの草分け。赤倉観光リゾートスキー場に直結し、冬は白銀の中に赤い屋根が映える

29 万平ホテル

中山道沿いの日本旅館「亀屋」が明治27年、外国人向けホテルを始め、その翌年に創業者の名前をとって「万平ホテル」に改名。現在の場所に移ったのは明治35年のこと。スイスの山小屋風の本館「アルプス館」は昭和11年築で、「日光金谷ホテル」と同じ久米権九郎の設計。浅間山荘のステンドグラスが映えるメインダイニングで、池波正太郎も愛したパンケーキを朝食に。カフェテラスでは、ジョン・レノン直伝のミルクティーや、伝統のアップルパイを味わえる。●長野県北佐久郡軽井沢町軽井沢925

室生犀星や堀辰雄も宿泊

30 桝一客殿

栗菓子で知られる小布施堂の家系が江戸時代から続ける「桝一市村酒造場」。造り酒屋が営むホテルは、長野市の砂糖問屋から移築した土蔵や文庫蔵に、優雅で品ある客室を配する。洋風の部屋の浴槽はガラス製で、パークハイアット東京と同じ設計者・ジョン・モーフォードらしい。●長野県上高井郡小布施町大字小布施815

手盃（テッパ）台がある桝一本店

31

湯之島館

高級靴メーカー・マドラスの創業者が、昭和6年に下呂温泉に建てた豪華旅館。木造和風建築と近代洋風建築を掛け合わせた華やか建物を設計したのは丹羽英二。本館、別館、貴賓室、洋館、周囲の自然……随所に創業当時の面影が残る。●岐阜県下呂市湯之島645

32

東府や Resort & Spa-Izu

奈良時代に行基が発見したと伝わる、伊豆の山奥の吉奈温泉。志賀直哉も定宿にしていた、江戸時代から400年の歴史ある温泉宿「東府や」が、しばらく前に、和風の温泉リゾートとしてリニューアル。吉奈川が流れる3.6万坪の敷地に、客室、温泉、食事処、ベーカリー・カフェ、庭園が点在。お風呂は川沿いの露天風呂をはじめ6箇所に。客室は、露天風呂付き離れや、メゾネット、昔は蔵だった部屋など、多種ある中から選べる。●静岡県伊豆市吉奈98

左／ベーカリー・カフェの足湯　右／カフェが入る「大正館」

33

川奈ホテル

イギリス留学で貴族の遊びを覚え、バロンという愛称の大倉喜七郎が創業者。ゴルフコースのクラブハウスとして建てられた建物がホテルとして本格的に開業したのは昭和11年。サンパーラーでお茶もできる。●静岡県伊東市川奈1459

2階まで吹き抜けのロビー

34

ケイズハウス 伊東温泉

「東海館」（P9）の隣に建ち、国の登録有形文化財にも指定される築100年の元旅館が素泊まり専用のゲストハウスに。相部屋は1人1泊3000円前後、個室は1名1泊5000円前後と格安。こざっぱりと綺麗な和室は松川に臨む部屋もあり、外国人客も多い。ドーム型の最上階の展望室をはじめ館内の見学や、源泉掛け流しの温泉「文福茶釜の湯」は立ち寄り湯も日時限定でできる。●静岡県伊東市東松原町12-13

自炊可能なキッチンやラウンジ、貸切温泉やレンタル自転車と設備も十分

35

竜宮閣

歴史のある宿も改築しているため、戦前に建てられた温泉旅館として唯一残るのがこちら。昭和7年頃に開業した蕎麦屋跡に風呂場を作り、昭和12年から旅館を始めた。戦時中は学童疎開の子どもたちが過ごした歴史も。竜宮城のタイル絵のお風呂は、古めかしくも味わいがあり立ち寄り湯もできる。●静岡県熱海市田原本町1-14

お風呂はは大小2つ

36

日本平ホテル

景勝地・日本平山頂に隣接する丘陵の上にあり、眼下には、駿河湾越しに富士山、三保の松原、伊豆の山々、清水の街並みを見晴らせることから「風景美術館」と称される。テラスのある海向きの客室は夜景も絶景。本館はノーブルな洋室で、別館が和室。昭和39年に「日本観光ホテル」として開業し、昭和54年に今の名前に。芝生庭園ではドラマ「華麗なる一族」の撮影がおこなわれたことも。料理は、静岡らしい海の幸・山の幸がふんだん。●静岡県静岡市清水区馬走1500-2

芝生庭園は散歩できる

37

休暇村富士

真正面に富士山を望み、逆さ富士が見られる田貫湖畔のホテル。全客室からは圧倒的に美しい富士山の眺望。館内の富士田貫湖温泉「富士山恵みの湯」からも富士山を一望でき、天気がよければ富士山尽くし。1LDKロフト付きのコテージでは、事前に予約すれば部屋で卓上バーベキューも楽しめる。●静岡県富士宮市佐折634

コテージの合間から見える富士山

38

富士ミルクランド 富士朝霧高原ロッジ

動物と遊んだり、乳製品、地ビール、農産品など買いものできる、「富士ミルクランド」。富士山の麓・朝霧高原の牧場にあるロッジは、全ての部屋から富士山の眺め。2階に寝室が2部屋あり、1戸5人まで宿泊可能。食事は朝・夕、部屋のキッチンで自炊。●静岡県富士宮市上井出3690

ロッジの目の前は緑の牧場

39

みしまプラザホテル

三嶋大社からほど近く。創業明治22年。東海道三島宿の旅館を引き継いだ料亭旅館がホテルに転身。女性には、調度品や寝具や壁紙などヨーロッパの田舎のホテルのようなロマンチックな雰囲気のデラックスツインルームがおすすめ。カフェレストラン「セゾン」も、まるでパリのカフェのような絵になる空間。一般の客席は白が基調で、個室の壁紙は品のある赤色。●静岡県三島市本町14-31

館内の所々に高田博厚の彫刻作品が

40

御前崎グランドホテル

静岡県の最南端・御前崎の岬に建つ大型ホテル。静岡県ではCMが放送されていたため、その名を知る人も多い。天井が高く彫刻が配された豪奢なロビーは、昭和の時代に建てられた大型ホテルならではの趣。全客室、展望大浴場からも、穏やかな太平洋の眺望。遮るもののない夕日や朝日の景色が素晴らしい。静岡らしいお茶風呂も。3面がガラス張りの「スカイレストラン」からは、すぐ近くの御前崎灯台や、富士山までも見晴らせる。「龍宮」という名のナイトスポットもあり。映画『メゾン・ド・ヒミコ』のロケ地にもなった。●静岡県御前崎市御前崎1412-1

荷札には亀の絵。

左／すぐ目の前は海　右／ロビーや客室には畳のスペースも

41 グランドホテル浜松

新幹線の車窓からも見える大型ホテル。昭和4年に料亭として創業。12階まで吹き抜けのアトリウムロビーには、浜松発祥の企業、スズキ、ホンダ、ヤマハなどの展示場に。客室は品よくクラシカル。●静岡県浜松市中区東伊場1-3-1

三ヶ日みかんがモチーフのエレベーター

42 名古屋観光ホテル

昭和11年創業。最初は帝国ホテルから従業員が派遣された。創業の中心人物は、松坂屋や三菱東京UFJ銀行の前身を築いた伊藤財閥・伊藤次郎左衛門。戦後は米軍に接収された歴史もある。皇族も御用達。英国人デザイナーが手がけた客室は気品がありしみじみ落ち着く。●愛知県名古屋市中区錦1-19-30

市街を一望

43 蒲郡クラシックホテル

池波正太郎の随筆『よい匂いのする一夜』を読んで通い始めたクラシックホテル。昭和9年に国際観光ホテル「蒲郡ホテル」として開業し、間に名前や経営母体を変えて現在の名に。昭和天皇や皇族も宿泊した。1万坪以上の敷地に城郭風建築が建ち、庭園の離れに食事処が点在。エレベーターの文字盤や、階段脇の大きなステンドグラスが長い歴史を物語る。客室は30室以下と、意外なほどにこぢんまりだけれど、隅々まで配慮が行き届いた温かな雰囲気を醸す。客室、ダイニングルーム、ティールームからは、三河湾と竹島の絶景。目の前の竹島や、谷崎潤一郎『細雪』、三島由紀夫『宴のあと』など、ホテルの前身「常盤館」が描かれる文学作品について学べる「海辺の文学記念館」へと、ゆっくり散歩する人も多い。●愛知県蒲郡市竹島町15-1

レリーフの天井のロビー吹き抜けには、慎ましやかなシャンデリア

左／帝冠様式の外観　右／暖炉のあるロビー

44 星出館

「伊勢の台所」と栄えた町に所在。大正時代の建物を使い昭和元年に創業した旅館が、B&Bに。1泊1名素泊まり5000円前後。食事は朝食のみ注文でき、ベジタリアンにも対応。談話室には蓄音機、中庭には水琴窟が。●三重県伊勢市河崎2-15-2

伊勢参りの客が多い

45 鳥羽国際ホテル

鳥羽湾を見渡すもんど岬の高台に建ち、昭和39年の創業以来、皇族や国賓を迎え入れる。『ムーミン』の作者、トーベ・ヤンソンも宿泊し、イラストを残した。本館と新館にある客室は近年改装され、景色はもちろんインテリアも贅沢。創業時、フランス料理のデザートとして作られたチーズケーキが名物で、カフェラウンジでも味わえる。敷地内には、温泉旅館「潮路亭」も。●三重県鳥羽市鳥羽1-23-1

タツノオトシゴマーク

46

旅館 鯛屋

伊勢参りの客が行き交った参宮街道沿い。創業から200年以上、旅籠の雰囲気を残す和風旅館。素泊まりだと1泊1名5000円代で、ビジネス使いする人も。すき焼きなど松坂肉の料理も味わえる。●三重県松阪市日野町780

玄関には一年中注連縄が

47

金沢ニューグランドホテル

誕生は昭和47年。愛読書・山口瞳『行きつけの店』に名前が出てきて泊まるようになった。尾山神社の正面にあり観光も便利。小型ながらこざっぱりしたシングルルームは出張時によくビジネス使いする。●石川県金沢市南町4-1

48

金沢白鳥路 ホテル山楽

金沢城公園や兼六園からすぐ。ホテル名に惹かれ訪れると、大正ロマンの趣と、金沢らしさが随所に。ティーラウンジでは店頭販売を行わず、幻の菓子店と誉れ高い貴重な「吉はし」の和菓子を味わえる。●石川県金沢市丸の内6-3

大正ロマン風のロビーにステンドグラス

49

prinz ―プリンツ― APARTOTEL

「prinz」は、カフェレストラン、ギャラリー、ブックショップ、アパートメントホテルの複合施設。宿泊できる瀟洒なインテリアの2つの部屋には、大きなベッドと、光が注ぐ大きな窓が。●京都府京都市左京区田中高原町5

Mroom、Lroom、2つの部屋がある

50

旅館 田舎亭

風情ある石塀小路に建つ元料亭で、5部屋だけの片泊まりの旅館。片泊まりとは朝食のみ付くことで、朝には湯豆腐など味わえる。1泊1名9000円代。●京都府京都市東山区祇園下河原石塀小路463

離れの客室もある

51

柊家

江戸時代の創業で、約200年の歴史がある老舗旅館。最初は運動業や海産物商を営みながら旅人に宿を提供し、その後旅館業を本業に。屋号「柊家」の由来は、下鴨神社の境内にある「比良木神社」。邪気を払うと言われる柊の葉は、襖や寝具や浴衣の柄にもあしらわれる。建物は木造2階建の数寄屋造の本館と新館があり、江戸、明治、大正、昭和、平成と、全ての時代の匠の技が残される。家族風呂を飾る明治時代のステンドグラスには、小川三知による白川女が描かれる。多くの皇族、政治家、財界人、文化人に愛されたが、川端康成は特別に気に入り「京都ではいつも柊家に泊まって、」という寄稿文には、「格はあっても、ものものしくはなかった」とる。玄関に掲げられた「来客如帰」の言葉は、我が家に帰ってきたように寛いでくださいとの意味。●京都府京都市中京区麩屋町姉小路上ル中白山町

鍵札は柊の葉の形

左／坪庭に面する旧館客室。夕・朝の食事も部屋で　右／本館入口。本館近くに「柊家別館」もある

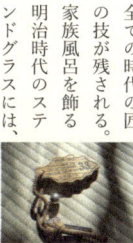

52 晴鴨楼

屋号は「晴れた鴨川のほとりに建つ楼閣」という意味。江戸時代からの歴史があり、木造建築の本館はおよそ築１００年。全ての客室にお風呂が付いているけれど、高野槇の浴槽の人工温泉浴場もあり。看板、風呂、客室、館内のところどころに、愛らしい千鳥模様が。●京都府京都市東山区問屋町通五条下ル三丁目西橋町４６７

和風旅館の応接室は大正ロマンの佇まい

53 料理旅館 白梅

いかにも京都らしい情緒に満ち、舞妓さんもそぞろ歩く祇園・新橋。白川にかかる橋の向こうに、静かに佇む料理旅館。建物は江戸末期に「大柳」というお茶屋として建てられ、数寄屋建築の粋がそこかしこに。大正時代は、宿のすぐ近くに置かれる歌碑「かにかくに祇園はこひし寝るときも枕のしたを水のながるる」の作者で、歌人・吉井勇も好んで訪れた。昭和24年にお茶屋から料理旅館に転身。「梅ヶ枝」「梅園」など、全てに梅にまつわる名が付いた客室は、白川沿いの部屋や、坪庭に面した部屋など、それぞれ趣が異なる。食事は部屋に運ばれ、ゆっくり寛ぎながら京料理を楽しめる。●京都府京都市東山区祇園新橋白川畔

宿があるのは伝統的建造物群景観保存地区に指定され、風情ある石畳の道沿い

54 THE SCREEN

建築家、デザイナー、日本画家、13室全て異分野で才気をふるう13人の作家が仕上げたデザインホテル。ミラノ在住の建築家による森をイメージした部屋が好き。●京都府京都市中京区寺町丸太町下ル下御霊前町６４０-１

55 Mume

祇園・白川沿いに建つ、数部屋のみのデザインホテル。「Mume」とはPrunus mumeという学名の梅のこと。可憐に香り高く咲く梅の花と凛としたホテルの姿が重なる。花、蝶、風、月がモチーフの部屋には、支配人自らが海外へ赴き選んだアンティーク家具や、江戸時代から続く老舗「唐長」の唐紙が配され、海外からの客人も嬉しい異国の情緒が漂う。部屋の設えだけでなく、チェックインや外出時も、女性の支配人らしい細やかな心遣いが随所に。●京都府京都市東山区新門前通梅本町26

左／朝食は白川に面する部屋で　右／たっぷりと贅沢な朝食

56 長楽館

明治の実業家が迎賓館として建てた古城のような「長楽館」に併設。かつては「レディースホテル長楽館」という名で、女性限定の宿だったが、現在は6室全てに暖炉とジャグジーを備えたオーベルジュに。●京都府京都市東山区八坂鳥居前東入円山町６０４

女性限定の頃、昔の客室

57 ホテル アンテルーム 京都

元学生寮の建物をリノベーションしてデザインホテルに。長期滞在型のアパートメントホテルも併設。館内には、ギャラリー、レストラン・バー、DJブースも。客室は友人のアーティストの家のような心地よさ。ピタパンサンドやスムージー、新鮮な野菜をふんだんに味わえる朝食も美味しい。●京都府京都市南区東九条明田町７

フロント横にはライブラリーが

58

Len 京都河原町

男女混合8人ドミトリーは1泊1名2600円～。ツインルームの個室も1泊1室6800円～と手頃。部屋もパブリックスペースもカフェ風のゲストハウス。●京都府京都市下京区河原町通り松原下ル植松町709-3

1階カフェバーの食事も美味しい

59

ウェスティン都ホテル京都

豪商・西村仁兵衛が、明治23年に華頂山の麓に築いた遊園地「吉水園」。その後、園内に建てられた「京都保養館」が「都ホテル」の始まり。各国の皇室や大統領などの国賓を迎え入れる迎賓館の役割を果たし、建築家・フランク・ロイド・ライト、チャップリン、オードリー・ヘップバーン、世界的な著名人もここを拠点に京都観光を楽しんだ。昭和35年には村野藤吾の設計で現在の本館が完成。数寄屋風の別館「佳水園」や「白砂の中庭」も村野作品。エントランスの天井や噴水、階段や手すりまでも村野建築のチャーミングさに溢れ見惚れてしまう。南禅寺や平安神宮と京都市内を見晴らせる客室もいいが、「哲学の庭」に向かう部屋もここならでは。●京都府京都市東山区粟田口華頂町1

大好きなエントランス

部屋から中庭の眺め。彫刻家・井上武吉氏が"無"の世界を表した「哲学の庭」

60

京都ブライトンホテル

京都御苑の西側で、京都市街の中心に建つ。閑静な住宅に囲まれているから落ち着いた佇まい。近隣には菓子、味噌、醤油と老舗が多く、散歩や買い物にも都合がいい。ロビーの吹き抜けが開放的で明るい雰囲気。広々とした部屋には仕事もできる机があって、出張時には助かる。京都在住時もラウンジ・バーをよく利用していた。●京都府京都市上京区新町通中立売

吹き抜けのリビー

61

HOTEL HOLIDAY HOME

神戸に本店のある洋服と雑貨の店「B shop」が運営する6部屋のみの小さなホテル。美浜湾を望む丘に建ち、雑木林に囲まれた敷地の中には、全室離れの宿泊棟の他、レストラン、洋服・雑貨・食品の店、蕎麦屋と、複数の施設が点在し、まるで一つの小さな村のよう。宿泊客でなくても、お茶や食事をしたり、買い物をしたり、たくさんの人がわざわざ車で訪れる。薪ストーブのあるメゾネットタイプの2階建て一軒家、ベッドルームとリビングが一つになったワンルームタイプの部屋など、客室タイプは4種類。広々としたベッド、ゆったり寛げるソファ、島根・出西窯のカップ、大阪・エルマーズグリーンカフェのドリップコーヒー、ストライプのパジャマ、あらゆる備品が、選び抜かれてそこにある。ジョージ・ナカシマの家具やウェグナーの椅子を置くレセプションには、ジャン・フィリップ・デロームの原画が飾られていた。●京都府京丹後市久美浜町2575

左／レセプション棟　右／京丹後市の海山の食材をたっぷり味わえるレストラン

62

リーガ ロイヤルホテル（大阪）

仕事で頻繁に大阪に通っていた頃、定宿にしていた。歴史は長く、賓客をもてなす近代的なホテルとして昭和10年に開業した「新大阪ホテル」が前身。昭和40年には現在の場所に「大阪ロイヤルホテル」が建てられ、その後「ロイヤルホテル」に改名。「リーガロイヤルホテル」の名は平成9年から。「ウエストウィング」として姿を残す、大阪ロイヤル時代の建物を設計したのは、名建築家・吉田五十八。メインロビーで存在感を放つ金蒔絵の柱も五十八作品。宿泊に至らぬときも、水の回廊と紫雲を表したクリスタルガラスのシャンデリアが際立つメインラウンジや、柳宗悦の意志を継いでバーナード・リーチら民芸の作家たちが完成させた「リーチバー」を、友人と語らうのによく利用する。30階と高層の「タワーウィング」と合わせると多様な客室があり、用途に合わせてタイプを選べるのもいいところ。近くにある同グループのビジネスホテル「リーガ中之島イン」もときどき利用。●大阪府大阪市北区中之島5-3-68

左／ナチュラルコンフォートフロア・カフェラウンジ　右／日本民芸のコレクションが並ぶリーチバー

63

スパワールド 世界の大温泉

大阪在住時に開業するも何十年と気に留めることはなかった。ところが数年前、大阪出張時どこも満室で、やっと見つかったのがスパワールド内のホテル。全客室から通天閣の夜景を一望できること以上に驚いたのが壮大な温泉施設。今まで訪れなかったことを悔いたほど、思いがけず満喫。ヨーロッパゾーン、アジアゾーンと男女別で月ごと交代制。もう一方も体験したくて、翌月もまた利用した。古代ローマ、青の洞窟、フィンランド、イスラム……定番のようで意外に未体験な人も多いのでは。偏見を払い一度体験を。●大阪府大阪市浪速区恵美須東3-4-24

64

大阪新阪急ホテル

梅田駅に直結しているのでとても便利な立地。東京オリンピックが開催され、東海道新幹線が開業したのと同じ昭和39年創業。阪急グループの創業者・小林一三の経営理念に基づいて、ビジネスマンが気軽に泊まれるようにと、最初は5ドルホテル（1ドル360円の時代）をコンセプトに。ロビーラウンジでは、宝塚大劇場で使われていた、日本画家・上村松篁「花弁を摘む天女たち」の緞帳が目を引く。●大阪府大阪市北区芝田1-1-35

nとhの字をロゴに

ロビーラウンジ「サントル」

65

箕面観光ホテル

起源は、大正14年に箕面滝近くに創業した旅館。最初は、昭和40年に大阪・北摂地区における日帰り温泉の先駆け「箕面スパーガーデン」が開業。その3年後に「箕面観光ホテル」ができた。箕面山の傾斜に建つコンクリート打ち放しの巨大でモダンな建物を手がけたのは、坂倉準三建築研究所に所属する西澤文隆。少し前に経営が「大江戸温泉物語」に移ってから各所が改装されたけれど、館内の端々にモダニズム建築の粋が残る。フロントから部屋までの長い道のりも巨大ホテルの醍醐味と楽しめた。ホテルに併設の「箕面温泉スパー

左／箕面滝道から見たホテルの全景　右／客室棟の階段に創業時の面影が

ガーデン」では、お笑い、大衆演劇、歌謡ショーなど開催され、私は貪欲に全てを観たからそれはもう大忙し。標高180mから大阪平野の夜景を一望できる「天空湯屋」はあまりに空に近く感動。明治時代に「関西財界人倶楽部」として建てられ、銀行の頭取など実力者たちが会合や茶会を行った数寄屋造りの「別館桂」も、宴会場として敷地内に残る。●大阪府箕面市温泉町1-1

66

千里阪急ホテル

大阪万博に合わせて昭和45年に開業。設計したのは、実業家・大原総一郎の後ろ盾で、倉敷の街作りに建築家として携わった浦辺鎮太郎。ロビーはゆったり。中2階に続く階段やステンドグラス、照明など各所に創業当時のモダンな面影が残る。正面玄関とプール側から趣が異なるのも面白い。●大阪府豊中市新千里東町2-1

モノレール内でこの景色が気になり訪れた

67

宝塚ホテル

古塚正治の設計で大正15年に創業。昔のフロント前の階段の幅が高く設計されていたのは、開業当時はまだ着物で訪れる客が多かったので、洋服で来館してもらえるようにと願いが込められていると伝わる。少年時代を宝塚で過ごした手塚治虫は結婚式をここで挙げた。女性専用バーのバーテンダーは宝塚歌劇のOGで、宝塚ファンの聖地。移転が発表されている。●兵庫県宝塚市梅野町1-46

ティーラウンジ前の回廊

68

六甲山ホテル

標高768mにある山上のホテルで、神戸市街の夜景が見渡せる。阪急グループの創始者・小林一三が、六甲山の開発にともない、宝塚ホテルの分館として昭和4年に創業。ハーフティンバーと呼ばれる山小屋風の旧館を手がけたのは、宝塚ホテルと同じ古塚正治。アーチ状の柱が囲むロビー、小林一三愛用のソファーと書棚が置かれ、ステンドグラスの天井が美しい談話室、旧玄関の色ガラスなど、秀逸な意匠がところどころに。気圧が高い山上で焼くので、よりふっくらと仕上がるアップルパイが名物。神戸の市街地からシャトルバスも出るが、アールデコ様式の六甲ケーブル線・六甲山上駅をぜひ経由してほしい。●兵庫県神戸市灘区六甲山町南六甲1034

旧館入口には色ガラスが

左／階段の壁には鹿の剥製　右／2階談話室

69

陶泉 御所坊

日本最古の温泉とも言われる有馬温泉で、鎌倉時代に宿坊として創業した温泉旅館。昭和初期～30年代築の建物からなり、入り組んだ造り。ロゴや館内美術を綿貫宏介氏が手がけ、デザイナーズ旅館の先駆けでもある。谷崎潤一郎『猫と庄造と二人のをんな』の舞台になった。●兵庫県神戸市北区有馬町858

綿貫宏介氏の作品

70 ホテル花小宿

「御所坊」の姉妹宿。有馬温泉に複数あった外国人専用ホテルをイメージ。昔の温泉街では考えられなかった素泊まりや一人客も歓迎。併設の食事処で味わえる料理や羽釜で炊いた米は格別。●兵庫県神戸市北区有馬町1007

「料膳 旬重」で朝食も

71 有馬山叢 御所別墅

「御所坊」の姉妹宿で、全室離れのスイートルーム。財閥の別荘だった静かな木々の中に建つ。室内の絵画や家具は美術作家・綿貫宏介氏が監修。1棟4名まで宿泊できるから友人や家族と過ごしたい。●兵庫県神戸市北区有馬町958

1400坪の敷地に10棟の客室

72 舞子ホテル

海運王・日下部久太郎が海外の客人をもてなすため大正8年に建てた洋館。昭和17年に料亭として営業を始めた。現在は、レストラン、カフェ、結婚式が主。宿泊棟は数寄屋造りの和室。●兵庫県神戸市垂水区舞子台2-5-41

左／玄関のステンドグラス　右／宿泊できる部屋は少ないので注意を

73 神戸北野ホテル

「スモール・ラグジュアリー・ホテルの協会が世界一と讃えたオーベルジュへ！」親友と神戸へ出かけたのは20代最後の年。当時の私たちには少し背伸びをしたホテル選びで、緊張気味で到着するも、ヨーロッパの邸宅のように品よくロマンチックな部屋で、すぐさまリラックス。ホテルブレンドの紅茶やホームメイドクッキー、スワンの形のアクセサリースタンド、バラの写真集、バスルームのレースのカーテン。何もかもがきらきら見える。優美な白、高級感のある赤、安らげる緑、30ある客室は3種類のテーマカラーがほどこされ、私が初めて泊まったのは、赤が基調の部屋だった。ホテルはトアロード沿いにあり、神戸の街中へ出かけるのにも都合がいい。徒歩であちらこちら巡り、部屋に戻ってゆっくり入浴。純白の寝具に包まれぐっすり眠った。翌日すっと目覚めたのは、あまりに朝が楽しみだったから。フランス料理界で名を馳せる、ベルナール・ロワゾー氏監修の朝食を、やわらかな光の中でゆっくりと。色とりどりのジュース、神戸産のハチミツやコンフィチュール、焼きたてのパン、バターたっぷりのフィナンシエ……優雅に朝を過ごした私たちは、ここに来る前よりも、大人になれた気がした。●兵庫県神戸市中央区山本通3-3-20

左／螺旋階段　右／スタンダードダブルの部屋

74 ホテルモントレ神戸

中世・北イタリア、ロマネスク様式の館をイメージ。古城のようなエントランス、中庭を囲む回廊、修道院を思わせる吹き抜けの空間。神々しい気配が漂い物語の世界へ迷い込んだよう。ヨーロッパの住居のような客室は、ビジネス使いに適した部屋も。●兵庫県神戸市中央区下山手通2-11-13

古城のようなロビー

75 西村屋本館

創業は江戸時代。風格ある門の先は、館内の随所に四方柾の柱が散りばめられ、宮大工の粋が光る国内屈指の温泉旅館。昭和を代表する数寄屋建築の巨匠・平田雅哉が手がけた別棟・平田館は昭和35年築。廊下にまで凜とした気配が。●兵庫県豊岡市城崎町湯島469

上／玄関　下／平田館

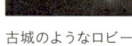

76 三木屋

創業から300年。志賀直哉が名作『城の崎にて』を執筆した旅館として知られ、柳田國男、山下清、小磯良平など多くの文化人に愛された。直哉が好んだ26号室もそのままに。そんな老舗旅館には、友人や家族と宿泊。城崎に暮らす先輩の紹介で若旦那と縁ができ、訪れるたび宿や城崎温泉の歴史を丁寧に教えていただける。300坪の庭園を囲むように建つ昭和初期の木造の建物は、丁寧に手入れされほっと落ち着く。食事のあとは下駄を鳴らして浴衣姿で温泉街へ。●兵庫県豊岡市城崎町湯島487

庭園に臨むライブラリーラウンジ

77 オーベルジュ 豊岡1925

施設名〝1925〟は、豊岡市街地が壊滅した北但大震災があった年。復興建築として1934年に建てられたのがルネッサンススタイルの「兵庫縣農工銀行豊岡支店」。銀行閉鎖後は豊岡市役所の別館として利用された建物が、全5室のオーベルジュに。実は私はこのホテルの宿泊者第1号。天井が高く潔い設えの客室で、仕事をしたり昼寝をしたり存分に寛いだ。全室シャワーのみだけれど、すぐ隣の昔ながらの銭湯で汗を流した。●兵庫県豊岡市中央町11-22

左／但馬の食材を味わえるレストラン　右／建物の西側外観

78 奈良ホテル

奈良に来たらできる限り1泊する。新館ならば案外手頃な値段なのだ。新館と言っても出来てから30年以上経ち、個人的に好ましい渋い部屋。もちろん若草山を眺望できる本館客室も繁忙期から外れた時季を見て予約する。関西の迎賓館としてホテルが開業したのは明治42年。古都の景色に馴染むよう、桃山風の意匠を取り入れた御殿風桧造りの建物を設計したのは、東京駅で知られる辰野金吾。館内は和洋折衷様式で、本館客室やフロントにもドイツ風のマントルピースが。戦前までは木賓客のみ宿泊できたが、戦後は一般客にも開放し、アインシュタインはじめ世界中の著名人が滞在している。ホテルには「奈良ホテル収蔵絵画」というパンフレットがあるほど、植村松園、不二木阿古、水野深草など、数々の日本の名画がいたるところに。横山大観の名画のあるメインダイニングでの朝食も楽しみ。奈良名物・茶粥もあるが、私はいつもフレンチトーストと決めている。●奈良県奈良市高畑町1096

ロビー「桜の間」には、アインシュタインが宿泊時に弾いたピアノが置かれている

79 料理旅館 江戸三

創業は明治40年。奈良公園の中にある、全室数寄屋風離れの料理旅館。窓の外にはちらほらと鹿の姿。堂本印象、小林秀雄、片岡千恵蔵、徳川夢声藤田嗣治、数々の著名人の定宿に。名物の若草鍋は、志賀直哉が命名。●奈良県奈良市高畑町1167

客室の他、浴室棟も

80

秋篠の森 Hotel ノワ・ラスール

カフェと雑貨の店「くるみの木」を営む石村由起子さんが、秋篠の森にホテル、レストラン、ショップ、ギャラリーを作った。森に続くデッキがある部屋と、枕の向こうの窓の外に竹林が広がる部屋、2部屋だけのホテルを手がけたのは、建築家・中村好文さん。家具やリネンのナイトシャツ、お茶のための器、そっと活けられた野の花、全てがさりげなく心地いい。夜と朝の食事や、鳥の声を聞きながら散歩した時間は大切な記憶。●奈良県奈良市中山町1534

左／ホテルの入り口　右／窓の外の風景は茂る木々

81

ホテルフジタ奈良

閉館してしまった京都の定宿「ホテルフジタ京都」の面影を求め、「ホテルフジタ奈良」へも泊まるように。ツインルームを取ることが多いが、寝転べるほど広いソファーで、買ったものを広げるのが好き。立地もよく移動に便利。●奈良県奈良市下三条町47-1

ラウンジの天井に藤の飾り

82

奈良町宿 紀寺の家

畳が香る「縁側の町家」には五右衛門風呂が

「紀寺の家」を営み、再生を手がけたのは、長らく伝統的な建物の改修をおこない活用に取り組んできた藤岡建築研究室。江戸から昭和初期にかけて建てられた、伝統的な庶民の住まい・町家が残る奈良の町中には、修復を重ねながら大事に受け継がれる家もあれば、取り壊されてマンションなどに形を変える家もある。「今こそ、この町らしい、住まいや暮らしを守らなければ」。代表の藤岡さんは、解体される予定だった築100年の町家を、今の時代に馴染むように作り変え、町家での時間を体験できる1棟貸しの宿を開いた。縁側、前庭、通り庭、角屋、三間取り。5棟の町家は個性が磨かれ、町家を知る人にこそ新鮮に、初めて町家で過ごす人には懐かしく。季節や光や風や、木や草や石や紙。自然の恵みも人の手から生まれたものも、古の時代から守られてきたものを、すぐ近くに感じられる空間。ときどき、すぐ近くまで鹿たちもやって来る平和な町。暮らすように旅する奈良の拠点に。●奈良県奈良市紀寺町779

「前庭の町家」寝室

83

あすか癒俚の里 森羅塾

万葉集にも詠われた、雷丘（いかずちのおか）の下。大正末期から昭和初期頃に建てられた元農家の日本家屋を改修し、1日1組限定の素泊まりの貸切宿に。最初は見学で訪れて、泊まってみたいとすぐに再訪。朝9時のチェックインから翌夕方4時のチェックアウトまで、最長31時間滞在できる。自転車を借りて古代の都を走り抜け、石舞台古墳や高松塚古墳を巡ったり、部屋では縁側から田園風景を眺めつつ、悠々寛いだり。1泊1名25000円前後。2～8名までは1名15000円前後で連泊割引もあり。●奈良県高市郡明日香村雷35

間取りは、談話室と2つの個室。1つは縁側付きで、すぐ目の前に田園風景

縁側付きの部屋

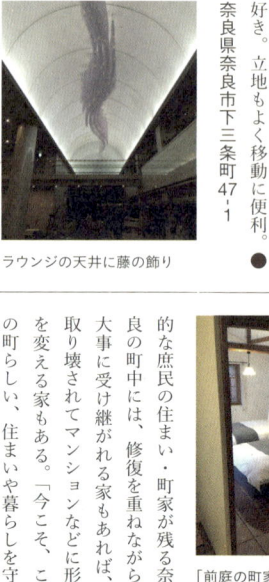

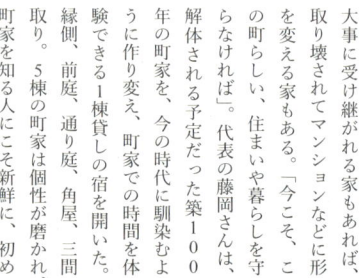

84 南紀白浜温泉 ホテル川久

白浜温泉で異彩を放つ、中世の古城のような瑠璃瓦の建物。バブル時代に開業した全室スイートルームの豪奢なホテル。壁、柱、床、隅々まで贅を尽くし、見どころあまた。●和歌山県西牟婁郡白浜町3745

建築費は約300億

85 白浜 古賀の井 リゾート&スパ

昭和の観光ホテルが好きならと、地元の方にきいた「ホテル古賀の井」。その後リニューアルされたようで、古風な豪華な雰囲気は残されているだろうか。●和歌山県西牟婁郡白浜町3753

以前のロビー

86 ホテルシーモア

白浜温泉には昭和のホテルがあちこちに。エントランスやロビーや通路や階段の、妙にゆったりとした空間構造に惚れ惚れする。崖の上のホテルの客室は、窓を大きく広く取り、夕日の景色が有名な海を部屋の一部に取り入れた造り。館内から繋がる「白浜海中展望塔」も、いかにも昭和の観光地で趣がある。●和歌山県西牟婁郡白浜町1821

吹き抜け階段

87 佳翠苑 皆美

美肌の湯と誉れ高い玉造温泉の玉湯川のほとりの大型旅館。昼は宍道湖畔の本館の著名人に愛された「皆美館」で名物の「鯛めし」を味わい、夜はこちらへ。ロビーも庭園も露天風呂もゆったり広々。客室窓際の椅子が、民芸が根付く島根らしいモダンな意匠だった。●島根県松江市玉湯町玉造温泉

鯛めしはこちらでも

88 倉敷国際ホテル

白壁の建物が並び情緒ある倉敷美観地区のシンボル「大原美術館」に隣接する昭和38年創業のホテル。吹き抜けのロビーを飾る棟方志功の大作は、大原美術館創設者・大原孫三郎の息子で、ホテルの創設者・大原總一郎が制作を依頼した。ベートーベンの第九、情熱、皇帝などの韻律におおいに刺激を受け制作が進められたという。作品名は「乾坤頌ー人類より神々へー」だったのを、後に「大世界の柵〈乾〉神々より人類へ」に改名。倉敷の風景に馴染むヨーロッパ風の建物設計したのは、「大原美術館分館」も手がけた、建築家・浦辺鎮太郎。コの字型の館内のパブリックスペースに配された家具も、ひと昔前の応接室に漂うのと同じような品がある。元紡績工場の「倉敷アイビースクエア」も浦辺の設計で、昭和49年からはホテル営業も。客室の設いは古風な佇まいが守られ、クラシックホテルに感興抱く人ならば好ましく思うはず。●岡山県倉敷市中1-1-44

棟方志功の作品の中で最も大きな木版画がロビーに

89 広島グランドインテリジェントホテル

広島駅から徒歩ですぐ。一見すると普通のシティホテルのような外観だけれど、一歩中に踏み込めば驚きの光景。中世のイギリス貴族の館を思わせる華やかな演出の数々。シャンデリアや神殿風の柱。フロントから目線を上方に向けると猫の像。エントランス脇のロビーラウンジも、洋館の一室のような佇まい。姉妹館で、より繁華街に近い「広島インテリジェントホテルアネックス」にも宿泊してみたけれど、こちらのロビーは古いヨーロッパの邸宅のような雰囲気があった。●広島県広島市南区京橋町1-4

左／エントランスには甲冑が　右／フロント前

90 ホテルフレックス

前身は明治創業の「吉川旅館」。京橋川と猿侯川の分岐点に建つビジネス向きデザインホテル。カフェには川向きのオープンテラスが。●広島県広島市中区上幟町7-1

川沿いのテラスで朝食を

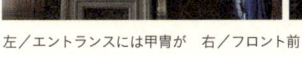

91

プレミアホテル 門司港

北九州には縁があり門司港にもたびたび訪れる。イタリアの建築家、アルド・ロッシの遺作として知られるホテルへは「門司港ホテル」時代に何度か宿泊。建物は「門司の鮫」をイメージし、上部の丸窓が鮫の目を表すそう。インテリアデザインは内田繁。関門海峡が見える部屋にまた泊まりたい。●福岡県北九州市門司区港町9-11

92

鹿児島 サンロイヤルホテル

桜島と錦江湾に向かうホテル。展望温泉からも桜島の眺め。向田邦子の随筆「鹿児島感傷旅行」に名前が出てきたのを覚えていて、鹿児島旅では桜島側の部屋をとった。創業したのは昭和48年。行き届いた手入れで快くも、ところどころに昭和の面影を見つけると、どうもに私はほっとしてしまう。●鹿児島県鹿児島市与次郎1-8-10

93

雲仙観光ホテル

天気が悪い夏の日に霧で覆われた山道を進み、長らく憧れていたクラシックホテルを目指した。初めての道で不安も募る。まだかまだかと焦り始めたところで霧が開け、門の先にスイスシャーレー様式の建物が見えた。なんとも昔話のようなホテルでの時間の始まり。ロビーも図書室もビリヤード場もバーもウィルアム・モリスデザインの壁にも琥珀色のフィルターがかかり、紳士的に渋く輝く。「ホテルに泊まるのではなくホテルに暮らすお気持ちで」と、パンフレットで目にしたけれど、こんなところが家だったらと…壮大すぎる想像をしてみたり。日本で初めて国立公園に指定された雲仙は、古くから外国人が避暑を過ごした温泉地。そこにさらに外国人観光客を呼び寄せようと様式のホテルが建てられることになった。そうして完成したのは昭和10年。その後多くの観光ホテルを手がける竹中工務店が設計した初めてのホテルで、雲仙の溶岩石や丸太を使い、力の限り熱意と技術が注がれた。外から見ると瀟洒な山小屋風だけれど、館内は客船をイメージしたと言う。戦後、駐留米軍の接収が解かれてからは、国際観光ホテル整備法に基づき政府登録ホテルに。昭和29年には雲仙が舞台の映画『君の名は』の撮影が行われたことでブームのような脚光を集めることに。昭和30年代には新婚旅行が一般的になってからは、若い夫婦やカップルも、日常的に記念日などにホテルを利用するようになった。●長崎県雲仙市小浜町雲仙320番地

エントランスやロビーの風景。壁や床や照明にも物語が宿る

ライブラリーの展示品

94

亀の井別荘

別府を観光地に育てた油屋熊八が、大正時代に貴人接待の別荘を建てたのが始まり。金鱗湖畔の林の中、本館、離れ、カフェ・バー、土産物屋が点在。20代の頃、年上の友人に合わせるように背伸びをして離れの客室に泊まった。そのときから日本の宿への感興の扉が開いた、思い出の宿。●大分県由布市湯布院町川上2633-1

左／自由に本が読めるライブラリー　右／離れの客室

95

杉乃井ホテル

創業昭和19年。約2900名宿泊できる別府温泉最大の観光ホテル。友人の結婚式で宿泊し、スケール

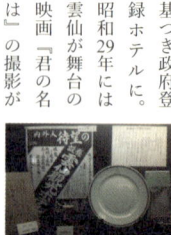

の大きさに圧倒されたり感心したり。別府湾を一望する大展望露天風呂、水着着用の屋外型温泉、ボウリング場。施設内で1日遊興できる。地熱発電所を所有する。●大分県別府市観海寺1

地熱のイルミネーション

96 B・B・C長湯

作家・大仏次郎が世界に紹介した炭酸泉を長湯温泉。赤瀬川原平もその湯を愛した縁で誕生したのが、藤森照信設計、南伸坊がキャラクターデザインの「ラムネ温泉館」。老舗旅館「大丸旅館の」外湯として作られるも、童話の世界そのままの突拍子もなく詩情に満ちた建物や温泉を見てみたいと旅を決めた。宿泊したのは、長湯温泉の長期滞在施設「B・B・C長湯」。こちらも大丸旅館の姉妹館。長湯温泉は昔から何日も湯に浸かり過ごす湯治客が多かった。だから、1泊もできるが、日ごと賃料が下がる料金設定。小型客室だと1泊1名6000円代（5泊以上だと1泊5000円代というふうに。旅行作家・野口冬人と、ドイツ文学者・池内紀に導かれ、趣味のいいホテルが誕生したそう。離れの客室は、山頭火・花袋・雨情・大仏（おさらぎ）、フロント棟続きの小さな部屋は、鉄幹・晶子と、各部屋作家の名前が付いている。食事を出すのは朝食のみ。風呂は外湯式で、大丸旅館やラムネ温泉館へ。何より嬉しかったのが、宿の離れにある木造校舎風の図書館。天井まで伸びる本棚にぎっしりと、野口冬人蒐集の山岳図書が。宿泊客は日中ずっと本の中で過ごしたっていい。図書館から続く部屋には畦地梅太郎の版画展も常設され、山好きにも嬉しいだろう。私はといえば、ラムネ温泉で炭酸泡に包まれたり、道の駅で食材を買い込んだり、図書館も大丸旅館のカフェもと、1泊では時間がたりないほど魅力がたくさん。いつかは長期滞在してみたいものだ。●大分県竹田市直入町大字長湯7788-2

野口冬人蒐集の山岳図書を収納する林の中の小さな図書館

上／フロント棟　下／離れの客室

97 鉄輪 柳屋

「サカエ家」時代、木造の湯治部に2度宿泊。今は経営元が変わり「柳屋」に。温泉の蒸気で野菜や魚を自由に蒸せる「地獄釜」のある宿。近所の商店で買い物したあと、みんなで自炊し楽しかった！●大分県別府市鉄輪井田2

左／明治・昭和初期築の本館客室　右／地獄釜

98 御客屋

江戸時代の創業から300年。黒川温泉一の老舗で肥後細川藩の御用宿を勤めた。肥後藩主の献上湯や、丸太につかまる立ち湯などお風呂も多様。近所の「新明館」の洞窟風呂もおすすめ。●熊本県阿蘇郡南小国町満願寺6546

川沿いの傾斜地に建つ

99 沖縄第一ホテル

昭和30年から続く老舗。創業地からの移転後は赤瓦の門が目印で全5室の小さなホテルに。沖縄ならではの旬の野菜や食材をふんだんに使った体が喜ぶ薬膳朝食が有名。●沖縄県那覇市牧志1-1-12

50品目の朝食！

100 ホテルムーンビーチ

沖縄の元祖・リゾートホテルは昭和50年開業。三日月形の砂浜前にモダニズム建築。ガジュマルの木陰を投影した吹き抜けのピロティには亜熱帯植物。ドラマ「赤い衝撃」ロケ地にも。●沖縄県国頭郡恩納村字前兼久1203

天井まで吹き抜けたピロティ

一泊二日

KANKOH HOTEL
TRIP GUIDE

甲斐みのり

観光ホテル旅案内

〈甲斐みのり〉

1976年静岡県生まれ。文筆家。旅や散歩、お菓子などをテーマに書籍や雑誌に執筆。著作に『クラシックホテル案内』(KKベストセラーズ)、『甲斐みのりの旅のしおり』(小学館)、『東海道新幹線 各駅停車の旅』(ウェッジ)、『地元パン手帖』(グラフィック社)『東京建築　みる・あるく・かたる』(倉方俊輔氏との共著、小社刊)他多数。

一泊二日　観光ホテル旅案内

2016年11月30日　初版発行

著者 ➡ 甲斐みのり

発行人 ➡ 今出 央

編集人 ➡ 稲盛有紀子

発行所 ➡ 株式会社京阪神エルマガジン社
〒550-8575
大阪市西区江戸堀1-10-8
☎06-6446-7718(販売)
〒100-0011
東京都千代田区内幸町2-2-1
日本プレスセンタービル3F
☎03-6457-9762(編集)
www.Lmagazine.jp

印刷・製本 ➡ 株式会社シナノパブリッシングプレス

撮影 ➡ 吉次史成
(P2〜50、P77〜103)
➡ 鍵岡龍門
(P51〜75)

デザイン ➡ 漆原悠一(tento)
中道陽平(tento)

地図作成 ➡ 松本るい(tento)

協力 ➡ 岡部史絵
米谷享
杉浦さやか
三浦万紀子

ISBN:978-4-87435-524-4